우리 동네 착한 경제를 찾아라

연유진 글 조경옥 그림

한울림어린이

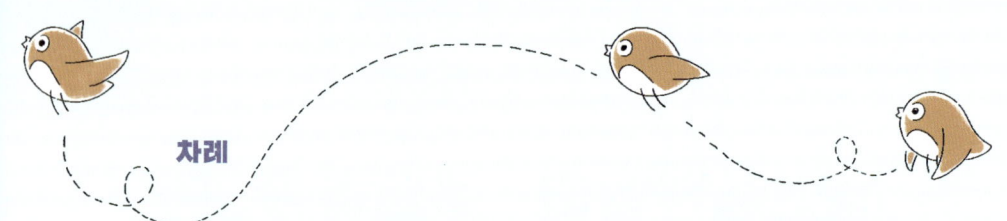

차례

서울에서 온 전학생 4
성연의 취재 노트 | 왜 사람들은 대도시로 몰릴까? 14

경제신문? 그게 뭔데? 16
민준의 취재 노트 | 도시는 어떻게 생겨났을까? 24

성진시장을 평정한 찐빵 취재기 26
수정의 취재 노트 | 생산과 소비가 일어나는 시장 40

골목에서 만난 기업가 42
성연의 취재 노트 | 지역 경제를 살리는 기업과 협동조합 58

오해가 풀리다 60
민준의 취재 노트 | 특산물로 풍성해지는 경제 교류 70

도서관 '노쇼'를 막아라 72
수정의 취재 노트 | 우리 모두가 지켜야 할 공공재 88

도전! 어린이 통장 만들기 90
지우의 취재 노트 | 용돈을 은행에 예금하면 생기는 일 106

플라스틱을 줄이는 용기낸 가게 108
성연의 취재 노트 | 착한 소비가 세상을 바꾼다! 120

반짝반짝 우리 동네 122
민준의 취재 노트 | 돌고 도는 경제 흐름 한눈에 보기 130

드디어 신문 공개! 132
수정의 취재 노트 | 동네를 살리는 어린이 해결사들 144

모두가 행복한 경제 146

경제를 찾아 탐험을 떠날 여러분에게 154

서울에서 온 전학생

'대통령 취임식 현장에 나가 있는 취재 기자 연결해 보겠습니다. 조성연 기자!'

'네, 저는 지금 서울 여의도 국회의사당에서 열리는 대통령 취임식 현장에 나와 있습니다. 새로운 대통령을 맞이하는 시민들의 열기가 뜨거운데요, 6만여 명의 시민들은…'

그때 환호 소리 너머로 낯익은 목소리가 들려왔다.

"성연아, 얼른 일어나!"

방송 사고인가? 아찔해지는 순간, 갑자기 마이크가 사라져 버렸다.

"조성연! 개학 첫날부터 지각하겠어!"

왜 하필 지금… 나는 베개로 귀를 막으며 이불 속으로 파고들었다.

조금만 더 하면 'QBC 뉴스, 조성연입니다'로 멋지게 마무리할 수 있었는데…. 하지만 잠은 이미 멀리 달아나 버린 뒤였다.

"아이, 엄마 진짜!"

"그럼 엄마가 진짜 엄마지 가짜 엄마야? 잠꼬대 그만하고 얼른 씻어!"

나는 투덜거리며 떠밀리다시피 욕실로 향했다.

내 꿈은 멋진 기자가 되는 것이다. 날마다 TV에 나와 새로운 소식을 전하는 내 모습을 상상하곤 한다. 수많은 사람들이 내 말에 귀 기울이는 장면은 생각만 해도 짜릿하다.

물론 말처럼 쉽지 않다. 내가 사는 곳은 평범하다 못해 심심한 도시니까. 아니, 사실 도시라고 하기에도 민망한 곳이다. 내가 사는 성진시는 인구가 10만 명 정도밖에 안 된다. 1,000만 명이 사는 서울에 비하면 작디 작은 마을이다.

눈을 씻고 찾아봐도 뉴스라고 불릴 만한 사건이 일어나지 않으니 기자의 꿈을 키워 나가기도 어렵다. 파고들 만한 대상이 없기 때문이다. 사람들이 관심을 갖는 중요한 사건은 대부분 서울 같은 큰 도시에서 일어나는 법이니까.

그래서 나는 틈만 나면 서울로 이사 가자고 노래를 부른다. 물론 엄마, 아빠는 콧방귀도 뀌지 않는다. 게다가 오늘은 엄마 목소리에 국회의사당 앞에서 멋지게 리포트를 하는 꿈마저 달아나 버렸다.

'오늘 멘트는 진짜 완벽했는데….'

나는 투덜대며 늑장을 부리다 결국 허겁지겁 옷을 입고 운동화를 꿰어 신으며 현관을 나섰다. 새 학년 새 학기 첫날부터 지각하고 싶지는 않았다.

그렇다고 새 학년 새 학기가 설레는 건 아니다. 우리 학년은 고작 열아홉 명뿐이고 반도 딱 하나다. 반이 바뀔 일이 없으니 새 학년 교실에도 작년과 똑같은 얼굴만 있을 게 뻔했다. 설마, 담임 선생님도 그대로인 건 아니겠지? 그런 상상을 하니 벌써 맥이 빠진다.

교실 문을 열고 아이들을 둘러봤다. 역시 새 학기 첫날이란 말이 무색하게 똑같은 분위기, 똑같은 얼굴들이다. 심드렁하게 가방을 여는데 가쁜 숨을 몰아쉬며 지우가 교실로 뛰어 들어왔다.

"빅 뉴스야, 빅 뉴스! 우리 학년에 서울에서 전학 오는 애가 있어! 교무실에 갔다가 슬쩍 봤는데 진짜 잘생겼어!"

"진짜야?"

"대박!"

아이들이 호들갑을 떨었다.

얼마 만의 '뉴페이스'인지 모른다. 우리 학교에서 전학을 가는 학생은 있어도 전학을 오는 경우는 드물었다. 다른 지방 도시들처럼 성진시도 인구가 줄어들고 있기 때문이다. 작년에도 우리 반에서 두 명이나 더 큰 도시로 전학을 갔다. 그런데 우리나라에서 가장 큰 도시 서울에서 오는 학생이라니. 나도 조금 호기심이 생겼다.

딩동댕동-

마침 수업 시작을 알리는 종소리가 울렸다. 교실 문이 열리고, 선생님을 따라 하얀 얼굴에 키가 큰 남자애가 들어왔다. 시끄럽던 교실이 순식간에 조용해졌다.

"다들 방학을 아주 잘 보내고 온 것 같네요. 올해도 선생님이 여러분 담임을 맡게 됐어요. 1년 동안 잘 지내 봅시다!"

선생님이 말을 이었다.

"그리고 우리 반에 새 친구가 왔어요. 민준아, 간단히 자기 소개를 해 볼까?"

"안녕하세요, 김민준입니다."

민준이는 짧게 말하고는 꾸벅 인사를 했다. 좀 더 길게 이것저것 말해 주지. 조금 아쉬운 인사였다. 하긴, 난생처음 보는 애들 앞에서 자기 소개를 하라고 하면 나라도 입이 안 떨어질 거다.

"자, 모두 환영의 뜻으로 박수!"

선생님 말에 모두 박수를 치는데 수정이가 손을 번쩍 들었다.

"정말 서울에서 전학 왔어?"

"으…응."

대답하는 민준이 얼굴이 살짝 굳어진 것도 같았다. 기분 탓인가?

"자, 민준이에게 궁금한 것들은 친해지면서 차차 알아 가도록 해요. 민준이도 우리 학교에 대해 궁금한 게 많을 테니까 친절하게 잘 알려 주고요. 모두 사이좋게 잘 지내 주세요. 알았죠?"

"네!"

"민준이는 빈자리에 가서 앉을까?"

선생님이 내 뒤에 있는 빈자리를 가리켰다.

아싸! 난 속으로 만세를 불렀다. 쉬는 시간에 서울 생활에 대해 좀 물어봐야지. 어쩌면 엄마 아빠를 설득하는 데 도움이 될지도 모른다.

그런데 모두 같은 생각이었는지, 쉬는 시간이 되자 반 아이들이 우르르 민준이 자리로 몰려들었다.

"서울 어디서 살다 왔어?"

"아니, 뭐."

"맛집도 엄청 많이 가 봤겠네. 서울에 유명한 맛집이 진짜 많잖아."

"그런 거 잘 몰라. 가 본 데도 없고."

오랜만에 교실에 나타난 새로운 얼굴은 친구들의 호기심을 자극했다. 하지만 민준이가 자꾸 대답을 얼버무리자, 아이들은 곧 시들해졌다. 수업을 마칠 때즈음에는 반 분위기도 여느 때로 돌아와 있었다.

"성연아, 오랜만에 축구 한 게임 어때?"

"좋지!"

나는 뒤돌아 민준이에게 말했다.

"민준아, 너도 같이 가자!"

"아니, 난 바로 집에 가 봐야 해."

"어… 그래…."

살짝 무시 당한 기분이었지만 이해했다. 전학 첫날이니까 부모님이 일찍 오라고 했을 거다.

그런데 이날만이 아니었다. 민준이는 번번이 모든 초대를 거절했다. 축구도, 떡볶이도, PC방도…. 조금은 괘씸하고 살짝 화가 나기도 했다. 작은 도시라 시시하다 이건가? 서울에서 전학 온 게 뭐 대수라고. 누가 자기한테 관심이나 둔데?

서울로 전학 가는 일도 다시 생각해 봐야겠다. 막상 갔는데 민준이 같은 녀석들만 있으면 큰일이니까.

성연의 취재 노트
왜 사람들은 대도시로 몰릴까?

우리나라 주요 대도시

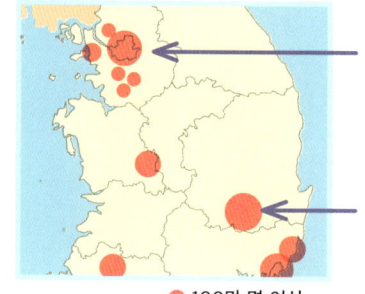

서울·수도권에 전체 인구 절반 이상 몰림

대부분의 인구가 도시에 삶

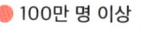 100만 명 이상

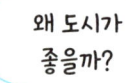 왜 도시가 좋을까?

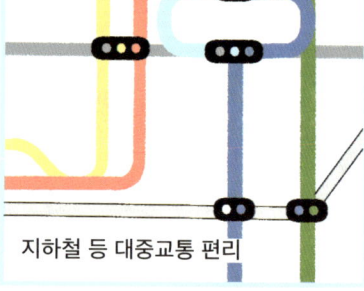

지하철 등 대중교통 편리

먹거리·볼거리 풍부

병원·학교 등 편의 시설 가까움, 일자리도 많음

환경 오염에 시달림

쓰레기, 소음, 범죄 등
도시 문제 발생

주택 부족과 빈부 격차 심각

서울 – 수도권 인구 집중 문제 해결 방법은?

→ 국토 균형 발전!

 생각
거리

- 대도시는 어떤 곳일까?
- 대도시에 살면 좋은 점과 나쁜 점은 무엇일까?

`4학년 2학기` 다양한 환경과 삶의 모습
`5학년 1학기` 국토와 우리 생활

경제 신문? 그게 뭔데?

오늘은 학급 특색 활동이 있는 날이다. 학급 특색 활동은 내가 일주일 중 가장 기대하는 시간이다. 이번 학기에는 어떤 활동을 하게 될까? 나는 두근거리는 마음으로 선생님 입만 바라봤다.

"이번 학기에는 우리가 사는 지역을 구석구석 둘러보는 활동을 할 거예요. 그리고 모둠별로 특색 있는 결과물을 만들어 볼 겁니다. 지도, 신문, 영상, 가이드북… 뭐든 좋아요.

이번 학기에 여러분이 만든 결과물은 전교생이 볼 수 있도록 특별히 강당에 전시하려고 해요. 그러니까 모두 최선을 다해 주세요!"

"하아…."

나도 모르게 낮은 탄식이 터져 나왔다. 이번 학기 활동은 하나도 흥미롭지 않았다.

우리 동네는 특별함과는 한참 거리가 멀다. 빠른 걸음으로 한 시간이면 족히 둘러볼 수 있는 시내, 세월이 흘러도 변함없는 전통 시장, 늘 같은 자리에 있는 나지막한 주택들. 더 둘러볼 것도 알아볼 것도 없는 동네에서 특색 있는 결과물을 만들어 내라니.

우리 모둠 아이들을 보고 나는 또 한 번 한숨을 쉬었다.

옆자리 지우는 인플루언서가 꿈이다. 툭하면 스마트폰 카메라로 사진과 동영상을 찍어 댈 뿐, 모둠별 과제에는 도움이 안 되는 캐릭터다. 뒷자리에 앉은 민준이는 더 심각하다. 전학 온 지 얼마 안 되어서 우리 동네를 잘 모르는 데다, 사

교성도 꽝이다. 그나마 믿을 만한 아이는 수정이다. 수정이는 꼼꼼하고 글솜씨가 좋고 배려심도 넘치니까.

모둠별로 열린 첫 회의 때 수정이가 나섰다.

"어디를 답사하고 무엇을 만들지 의견을 모아 보자."

나는 할 말이 없어서 심드렁하게 앉아 있었는데, 의외로 민준이가 적극적으로 나섰다.

"우리 동네 신문을 만들어 보면 어때?"

축구하자는 말에는 대꾸도 제대로 안 하더니, 오늘은 무슨 바람이 불었지? 놀라움도 잠시, 난 금세 시큰둥해졌다. 우리 동네에 무슨 뉴스거리가 있다고 신문을 만든담.

하지만 수정이는 눈을 반짝거렸다.

"왜 신문을 만들고 싶은데?"

"신문은 새로운 소식을 다루잖아. 새로운 이야깃거리를 찾아다니는 과정이 재미있을 것 같아서."

"우리 동네에 새로운 이야깃거리가 있을까?"

"그러니까 그걸 찾아야지. 역사나 문화재 소개 같은 건

지루하니까 우리 동네 경제를 주제로 신문을 만들어 보면 어때? 시장에도 가 보고 여러 가게도 돌아다니면서 지역 경제를 소개하는 거야."

이때 지우가 끼어들었다.

"경제 신문이라니, 생각만 해도 따분해. 나는 글을 쓰는 것도 읽는 것도 싫단 말이야. 사진이나 동영상 만드는 걸 하면 안 돼?"

'잘한다!'

속으로 지우를 응원하고 있는데 민준이가 말했다.

"사람들의 눈길을 끌려면 신문에 실리는 사진도 엄청 중요해. 지우 네가 사진 기자를 맡으면 어때?"

지우의 입가가 실룩거렸다. 새어 나오는 미소를 참고 있

는 게 분명했다. 아마 '사진 기자'라는 말에 꽂혔을 거다. 민준이 녀석, 깍쟁이인 줄만 알았더니 말재주로 사람을 구워삶는 여우일 줄이야.

어쩔 수 없이 내가 나섰다.

"민준이 네가 전학 온 지 얼마 안 돼서 우리 동네를 잘 모르나 본데, 성진시에는 높은 빌딩도 커다란 공장도 없어. 이 작은 동네에 경제가 어디 있겠냐? 차라리 성진시의 문화재를 답사해서 역사를 소개하면 어때? 사진도 잘 찍고, 영상으로 잘 편집하면 괜찮을 것 같은데."

"난 경제 재미있을 것 같은데? 경제라면 다른 애들도 관심이 많을 것 같아. 용돈을 받아 쓰는 친구들도 많잖아. 나도 경제에 관심이 많다고. 나중에 돈을 많이 벌어서 부자가 되고 싶거든."

수정이는 민준이가 우리 동네를 잘 모르는 만큼 새로운 시각을 보여 줄 수 있을 거라며 추켜세웠다. 믿었던 수정이마저 민준이 편을 들다니. 민준이와 수정이가 마주 보며 환하게 웃었다. 살짝 질투가 났다.

결국 우리 모둠은 한 학기 동안 경제를 주제로 신문을 만들기로 했다. 난 민준이에게 완전히 밀리고 말았다.

민준의 취재 노트

도시는 어떻게 생겨났을까?

☆ 1960년대

- 경제 발전으로 일자리 증가

→ 인구 50만 명 이상이 모여 사는 <u>대도시</u> 발달

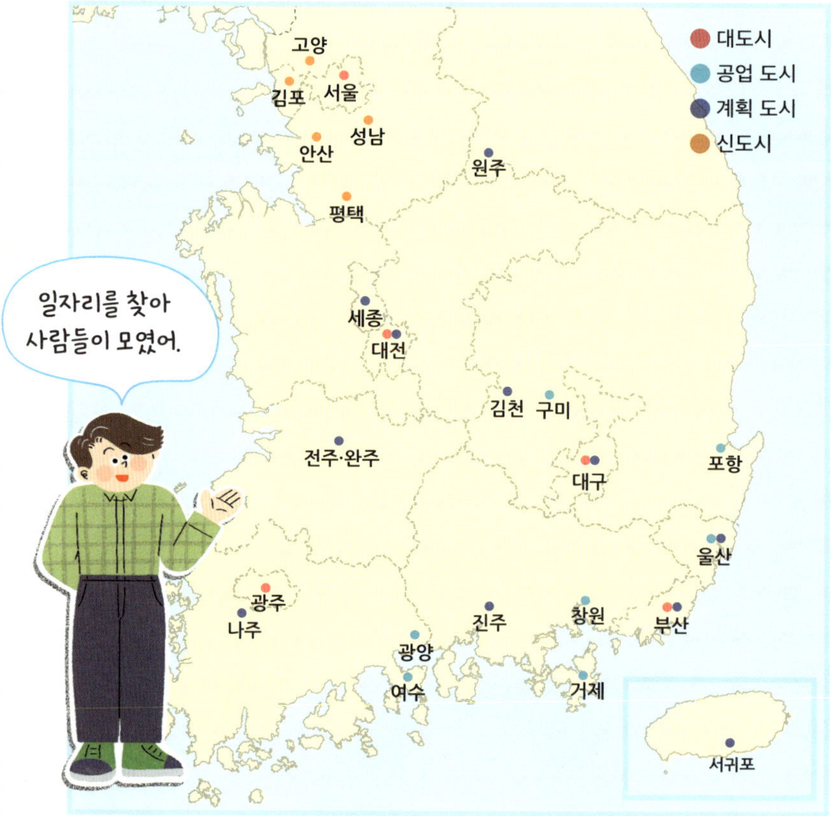

대도시
공업 도시
계획 도시
신도시
고양
김포
서울
성남
안산
원주
평택
세종
대전
김천
구미
전주·완주
대구
포항
울산
광주
나주
진주
창원
부산
광양
여수
거제
서귀포
일자리를 찾아 사람들이 모였어.

✦ 1970년대
- 배, 자동차, 철강 등을 만드는 중화학 공업 발전
→ 공업 도시 발달

✦ 1990년대 이후
- 도시 기능 분산을 위한 <u>계획 도시</u> 등장
→ <u>신도시</u> 발달
  예) 주택 공급, 행정 기능 분산 등

✦ 2020년대
- 산업 쇠퇴로 인구가 감소하는 도시 증가

● 소멸 위험 지역

노인만 남은 마을들은 머지 않아 사라질 거야.

생각거리

- 우리 지역에 발달한 산업은 무엇이 있을까?
- 과거부터 현재까지 우리 지역의 모습은 어떻게 변해 왔을까?

4학년 2학기	다양한 환경과 삶의 모습
5학년 1학기	국토와 우리 생활
6학년 1학기	우리나라의 경제 발전

성진시장을 평정한 찐빵 취재기

"지역 경제를 제대로 알려면 전통 시장부터 가야지. 시장은 사람도 돈도 모이는 경제 중심지니까."

민준이 말에 첫 번째 취재 장소는 성진시장으로 결정되었다. 약속 시간은 무려 토요일 아침 9시! 주말 늦잠도 못 자는 취재라니. 정말 민준이와 나는 서로 안 맞는다.

'이 시간에 장 보러 오는 사람이 어디 있다고.'

아침도 거른 채 투덜대며 집을 나섰다. 문 닫힌 시장을 보고도 계속 큰소리를 칠 수 있나 두고 볼 생각이었다. 그런데 내 예상은 완전히 빗나갔다. 시장은 입구부터 물건을 파는 상인들과 사려는 손님들로 붐비고 있었다.

"성연아, 왔어?"

수정이가 손을 흔들며 아는 체를 했다.

"어, 안녕? 근데 아침부터 사람이 왜 이렇게 많아?"

"요즘 우리 시장이 좀 핫하거든. 주말 오후엔 걸어 다니기도 힘들어. 찐빵 골목으로 완전 터졌다니까."

"말 나온 김에 찐빵부터 먹으러 가자. 요즘은 일찍부터 줄을 서야 먹을 수 있다고."

지우가 마치 맛집을 소개하는 인플루언서처럼 앞장서서 우리를 이끌었다.

"우아!"

김이 모락모락 오르는 찐빵 골목은 유독 사람이 많았다. 지우는 인파를 헤치며 걸음을 재촉하더니 사람들 뒤에 줄을 섰다. 벌써 열 명도 넘는 사람이 줄을 선 가게였다. 나도 어

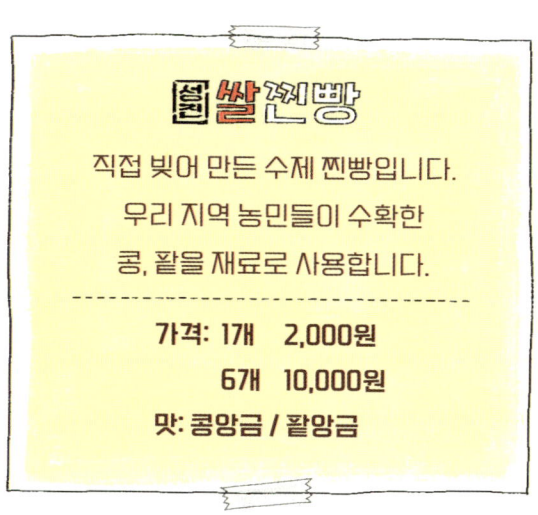

릴 때부터 종종 찐빵을 사 먹던 집이다.

"오늘 무슨 행사라도 있어? 줄을 다 서고?"

"모르는 소리. 일찍 와서 그나마 이 정도인 거야. 이 가게 찐빵은 저녁에 오면 먹지도 못 한다고."

지우는 찰칵찰칵 사진을 찍더니 민준이를 보며 이야기를 시작했다.

"콩앙금을 넣은 찐빵 먹어 본 적 있어? 여기 찐빵 소는 콩이랑 팥 두 가지로 만들거든. 우리 지역 특산물이 콩이랑 팥인 거 알지? 그걸 넣어서 만드는 거야."

"유튜브에서 이 가게 영상을 본 적 있어. 성진시에 가면 꼭 가 봐야 하는 원조 맛집이라던데. 조회수도 엄청 많았어."

"오, 너도 맛집 영상 좀 찾아보는구나."

지우와 민준이는 찐빵으로 이야기꽃을 피웠다.

민준이가 저렇게 말이 많은 애였나. 모둠 활동을 하는 민준이는 같이 축구하자는 초대를 거절하던 깍쟁이와는 거리가 멀었다.

15분 정도 기다리자 우리 차례가 왔다. 지우는 콩앙금, 팥앙금을 세 개씩 섞어서 1만 원어치 찐빵을 주문했다. 계산은 민준이가 했다.

"찐빵은 내가 쏠게. 신문을 만들자는 제안을 받아 줘서 고맙다. 우리 잘해 보자!"

"잠깐만, 사진부터 찍고!"

꼬르륵!

그때 내 배에서 요란한 소리가 났다.

"풋!"

수정이가 웃음을 터뜨렸고, 우리는 누가 먼저랄 것도 없이 배를 잡고 깔깔댔다.

따끈하고 맛있는 찐빵은 순식간에 사라졌다. 마지막 남은 찐빵을 먹고 있는데 민준이가 말했다.

"우리 이 가게를 취재하면 어때?"

"좋아! 기사를 써서 강력 추천하자!"

"줄서기 노하우도 넣고."

수정과 지우가 맞장구를 쳤다.

하지만 내 생각은 달랐다. 물론 이 집 찐빵 맛은 최고다. 갓 쪄 낸 찐빵은 안 먹으면 손해다. 그런데 분명 새로운 시각으로 경제 이야기를 찾아보자고 하지 않았나?

"아니, 잠깐만. 이건 아니지. 너희가 말하는 건 맛집 취재잖아. 언제는 경제 신문을 만들자며?"

내 못마땅한 표정에도 민준이는 차분했다.

"유명한 맛집은 하루아침에 되는 게 아니야. 찐빵 골목도 갑자기 만들어지지 않았겠지. 분명히 우리가 몰랐던 특별한 사연이 있을 거야. 분명 경제와도 관계되어 있을걸? 이 얘기를 한번 취재해 보자."

우리가 얘기를 나누는 사이에 아침에 만든 찐빵이 모두 팔려 나갔다. 다음 찐빵은 12시에 나온다고 했다. 민준이는

이 틈을 타서 사장님에게 다가갔다. 나는 긴장이 되어서 침을 꼴깍 삼켰다.

"저, 사장님."

"에고, 아침에 만든 찐빵은 벌써 다 팔렸어요. 12시까지 기다려야 할 것 같은데."

"찐빵은 조금 전에 사 먹었어요. 정말 맛있게 잘 먹었습니다. 최고였어요!"

"그래요? 고마워라."

"그래서 말인데요, 잠깐 시간 좀 내 줄 수 있으세요?"

"응? 무슨 시간?"

"저는 우리초등학교에 다니는 학생이에요. 친구들이랑 학급 활동으로 우리 동네를 소개하는 신문을 만들고 있어요. 첫 번째로 성진시장 찐빵 가게를 취재하고 싶어서요. 저도 나중에 멋진 가게를 경영하는 CEO가 되고 싶거든요."

"하하하! 꿈이 확실한 학생이네. 그래요, 소개해 주면 나야 영광이지."

"그럼 몇 가지 질문을 드릴게요."

"물어봐요. 뭐든지 다 말해 줄게요."

"사장님은 어떻게 찐빵 가게를 시작하게 되셨나요?"

사장님은 잠시 생각에 잠겨 있더니 가게를 처음 열었을 때 이야기를 시작했다.

"우리 지역 특산물이 콩과 팥이잖아요. 그런데 농민들이 엄청 어려움을 겪은 때가 있었어요. 다른 나라에서 반값도 안 되는 농산물이 수입되는 바람에 콩과 팥이 잘 팔리지 않았거든요. 밭을 갈아엎고 농사를 포기하는 농민들이 많았어요. 나도 마찬가지였고요."

"그런 일이 있었어요?"

"아주 힘든 시기였는데 문득, 내가 기른 콩과 팥으로 음식을 만들어서 팔면 어떨까 하는 생각을 하게 됐어요. 장사가 잘되면 나뿐만 아니라, 우리 지역 농민들의 콩과 팥도 안정적으로 팔아 줄 수 있을 거라고 생각했죠. 아는 음식이 찐빵뿐이라 찐빵 소만 연구했어요. 전국에 유명하다는 찐빵 집은 다 돌아다니면서 공부했고요. 그렇게 처음으로 가게를 열게 됐죠."

우리는 사장님 이야기에 점점 더 빠져들었다.

"처음엔 이렇게까지 장사가 잘될 줄 몰랐어요. 그냥 소박한 찐빵일 뿐이니까요. 그런데 점점 찾는 사람이 많아지고, 여기저기 방송에도 소개됐죠. 성공 가능성을 본 사람들이 개성 있는 찐빵을 개발해 뒤따라 옆에 가게를 내면서 찐빵 골목이라는 말도 생기더라고요. 가게가 늘어난 만큼 시장을 찾아오는 사람들이 더 많아졌어요. '성진쌀찐빵'이라는 브랜드로 온라인 주문도 받기 시작해서 지난 겨울에는 우리 골목에서 만든 찐빵이 전국으로 팔려 나갔어요."

"우아, 정말 대단한 찐빵인데요? 찐빵 덕분에 농민과 상인 모두 잘 살게 된 거잖아요. 사실 아침인데도 시장에 사람이 엄청 많아서 깜짝 놀랐거든요."

"하하하. 그렇게 거창하고 대단한 건 아니에요. 난 그냥 찐빵이 잘 팔리는 덕분에 모두가 이전보다 행복해진다면 바빠도 좀 더 힘을 내야겠다, 생각하는 것뿐이에요."

"그런데 찐빵 가격은 왜 2,000원으로 정하셨어요? 찐빵 크기가 엄청 크고 속도 꽉 차 있던데요. 그러면 팥이랑 콩을 더 많이 넣어야 하잖아요. 우리 농산물은 수입 농산물보다 훨씬 비싸고요. 가격을 더 올려 받아야 하는 거 아닌가요?"

"무작정 가격을 올릴 수는 없어요. 우리 학생들 주머니 사정도 생각해야 하잖아요."

"그래도 이윤이 있어야죠. 남는 게 없으면 힘만 들고 돈은 벌 수 없잖아요."

"어이쿠! 정말 CEO가 될 자질이 보이는 학생이네요. 못 당하겠는걸요."

사장님은 씨익 웃더니 다시 이야기를 이어 갔다.

"다행히 우리 골목 가게들은 주변 농민들에게서 직접 재료를 사 와요. 장사를 처음 시작했을 때부터 지금까지 쭈욱 직거래를 해 왔어요. 그만큼 재료를 싸게 살 수 있죠. 운송 비용도 거의 안 들고요. 그러니까 이 정도 가격만 받아도 충분히 이익을 남길 수 있어요."

민준이는 진지한 눈빛으로 고개를 끄덕였다.

"난 우리 어린이 손님들도 부담 없이 사 먹을 수 있는 가격을 유지하고 싶어요. 그래야 어른이 된 다음에도 계속 우리 가게를 찾아 주지 않겠어요? 우리 집이 100년을 이어 가는 가게가 되려면 어린이 손님들 사랑이 가장 중요하죠."

어느덧 찐빵이 나올 시간이 됐는지, 가게 앞에 손님들이 하나둘 줄을 서기 시작했다. 찜기에서 모락모락 김이 올라왔다. 손님 맞을 준비를 하는 사장님께 우리는 허리 숙여 인사했다.

"인터뷰 감사합니다. 우리 신문에 사장님의 진심을 꼭 소개할게요."

"그래요, 멋진 기사 부탁해요."

사장님은 다시 바쁘게 움직이기 시작했다. 손님들과 상인들로 활력 넘치는 찐빵 골목의 풍경을 지우는 분주하게 사진으로 남겼다.

성진시에서 태어나 어릴 때부터 이 가게 찐빵을 먹곤 했지만 정작 찐빵이 어떻게 탄생했는지는 전혀 모르고 있었다. 소박한 찐빵이 이토록 깊은 고민과 배려 끝에 나온 음식이었다니! 우리 지역을 넘어 전 국민의 사랑을 받는 맛있는 찐빵도, 그 찐빵을 만들어 지역 농민들과 시장 상인들을 두루 살린 사장님도 정말 멋져 보였다.

그나저나 민준이 꿈이 CEO라니. 그래서 민준이가 경제 신문을 만들자고 했나 보다. 인정하기 싫지만 사장님께 척척 질문하는 민준이가 조금 달라 보였다.

수정의 취재 노트
생산과 소비가 일어나는 시장

✦ 생산이란?
  - 자연에서 얻거나
  - 자연에서 얻은 재료로 필요한 것을 만들거나
  - 지식·기술을 활용해서 서비스를 제공하는 모든 활동을 뜻한다.
→ 전통시장 사람들은 모두 '생산 활동' 중

생각
거리

- 우리 동네 전통 시장을 찾아가 보자.
- 사람들이 어떤 경제 활동을 하고 있는지 관찰해 보자.

4학년 1학기 경제 활동과 지역 간 교류

두 사람은 거래 중

✭ 소비란?
  - 대가를 내고 물건을 쓰거나 서비스를 누리는 일이다.
→ 시장을 찾는 손님들은 모두 '소비 활동' 중

✭ 거래란?
  - 생산과 소비를 연결하는 일
→ 거래가 일어나려면 가격이 중요!

골목에서 만난 기업가

"성연아, 물어보고 싶은 게 있는데…"

쉬는 시간에 갑자기 민준이가 말을 걸었다. 학급 활동 시간도 아닌데 먼저 말을 걸다니, 이 녀석이 웬일이지? 나는 애써 아무렇지 않은 척 대꾸했다.

"어, 뭔데?"

"내가 아직 동네를 잘 몰라서 그러는데 머리 자를 미용실 좀 소개해 주라."

민준이 옆머리와 뒷머리는 꽤 덥수룩하게 자라 있었다. 안 그래도 초여름처럼 무더워진 날씨에 머리카락이 살짝 땀에 젖은 채였다. 전학 오던 날의 깔끔함이 사라져서 좀 친근감이 느껴지나 했는데. 역시 이 녀석은 친근함과는 거리가 멀다.

"내가 다니는 단골 미용실이 있긴 한데, 네 마음에 안 들지도 몰라. 그래도 상관없으면 이따 학교 끝나고 같이 가 보던가."

"그래, 그러자."

"괜찮겠냐? 오늘은 집에 일찍 안 가도 돼?"

"어, 괜찮아. 성연이 너만 시간 괜찮으면 오늘 학교 끝나고 같이 가자!"

민준이는 하얀 앞니를 드러내며 싱긋 미소까지 지어 보였다. 나는 얼떨결에 고개를 끄덕이고 말았다.

"그래, 뭐. 그러자."

같이 놀자고 할 땐 만날 집에 일찍 가 봐야 한다고 내빼더니, 아쉬우니까 시간이 된다 이거지? 정말이지 아무리 봐도 얄미운 녀석이다.

학교가 끝나고 주택가 옆 놀이터를 지나 좁고 길게 뻗은 골목길을 걸었다. 문구점, 미용실, 꽃집, 세탁소 등 어렸을 때부터 봐 온 작고 오래된 가게들을 지나면 골목 맨끝 건물 2층에 내가 다니는 미용실이 나온다.

딸랑!

"어서 오세요, 사랑헤어입니다!"

언제나처럼 정겨운 풍경 소리와 활기찬 인사 소리가 손님을 반기는 곳이다.

"이모! 친구 한 명 데려왔어요. 머리를 자르고 싶대요."

단골손님답게 나는 헤어 디자이너를 이모라고 부른다.

"어서 와. 성연이 친구로구나. 어떤 스타일로 잘라 줄까? 생각해 놓은 스타일이 있니?"

"그냥 시원하게, 짧게 잘라 주세요."

"아주 짧게? 음… 우리 친구는 아주 짧은 머리보다는 약

간 길이감 있는 스타일이 더 어울릴 것 같은데. 옆머리랑 뒷머리만 짧게 자르면 어떨까? 여기 스타일북에 있는 것처럼."

이모가 소파 앞 테이블에 놓인 스타일북을 펼쳐 보였다.

"네, 좋아요."

민준이는 고개를 끄덕였고, 이모는 민준이 목에 가운을 두르고는 커트를 시작했다. 익숙한 가위질 소리를 들으며 나는 스타일북을 천천히 넘겨 보았다. 지난번에 왔을 때보다

더 많은 사진들이 추가되어 있었다. 수백 장도 넘는 사진마다 꼼꼼하게 메모를 달고 꾸며 놓아서 웬만한 패션 잡지보다 재미난 책이다.

'머리숱이 없어도 풍성해 보여요. 1시간 반 필요.'

'세련된 이미지를 원하는 고객님께 추천. 3시간 필요.'

'시간이 없는 고객님께 추천. 아침에 잘 말리기만 해도 스타일이 살아요. 1시간 필요.'

"그새 또 사진이 늘었네요? 이런 자료는 언제 다 만드시는 거예요?"

"유행이 계속 바뀌잖아. 새로운 스타일은 계속 나오고. 이렇게 작은 미용실이 살아남으려면 끊임없이 노력해야지 별수 있어? 우리 동네만 해도 봐. 얼마나 많은 미용실들이 경쟁하고 있니?"

"뭐가 걱정이에요? 이모는 실력이 좋아서 날마다 손님이 늘어나는데. 봐요, 오늘도 단골손님이 새로운 고객을 데려왔잖아요."

"맞아, 이렇게 입소문을 내주는 게 정말 큰 도움이 돼. 사업이 정말 쉽지 않거든. 그러니까 앞으로도 잘 부탁드립니다, 손님."

이모는 가위질을 멈추더니 장난스럽게 배꼽인사를 해 보였다.

"근데 무슨 사업이오? 이모 사업해요?"

"미용실도 사업이야. 가게도 작은 기업이라고. 사업에 성공하려면 고민할 게 한두 가지겠니? 새로운 스타일도 계속 선보여야 하고 가격도 정해야 하고 홍보도 해야 하지. 가만히 앉아서 손님 오기만 기다리기다간 망하기 십상이야."

이모와 이런저런 이야기를 나누는 사이, 어느새 민준이 커트가 끝났다. 말하는 동안에도 가위질하는 손이 쉬지 않은 덕분이다.

"자, 다 됐다! 어디 더 손보고 싶은 곳이 있니?"

"아뇨, 없어요. 감사합니다."

역시 이모는 실력자다. 민준이도 새로운 머리 스타일이

마음에 드는 눈치였다.

계산하고 미용실을 나오는데 민준이와 눈이 딱 마주쳤다.

"여기 미용실…."

거의 동시에 말이 나왔다. 민준이가 멈칫한 사이, 내가 먼저 말했다.

"취재하자고?"

"응. 취재해 보면 어때? 아까 사장님도 말씀하셨잖아. 여기도 작은 기업이라고."

"스타일도 그렇고 실력도 그렇고 생각도 그렇고. 진짜 멋진 사장님이긴 하지. 내가 아무나 이모라고 부르는 게 아니라니까."

"그래, 너 대단하다."

"말 나온 김에 지금 취재하고 가자. 이 미용실에 손님 없는 때가 흔한 줄 알아? 이건 하늘이 우리에게 준 기회라고."

"근데 우리 마음대로 결정해도 돼? 수정이랑 지우가 싫어하면…."

"우리가 잘 설득하면 되지. 가자!"

나는 자신 있게 다시 미용실 문을 열고 들어갔다. 민준이도 뒤따라왔다. 기가 막힌다는 얼굴로 고개를 설레설레 젓고 있긴 했지만.

"이모!"

"성연아! 민준아! 왜, 뭐 놓고 갔어?"

콧노래를 부르며 빗자루로 머리카락을 쓸어 담던 이모가 눈을 동그랗게 떴다.

"아뇨, 이모한테 부탁할 게 있어서요. 저랑 민준이가 이번 학기 특색 활동으로 우리 동네 경제를 소개하는 신문을 만들고 있거든요. 신문에 이모네 미용실 이야기를 싣고 싶어요."

"나야 고맙지. 뭘 어떻게 하면 되는데?"

"그냥 잠깐 시간을 내 주시면 됩니다!"

민준이는 지우 대신 찰칵찰칵 사진을 찍었고, 나는 진짜 기자처럼 진지하게 미용실에 대해 이것저것 물어봤다. 말을 재미나게 잘하는 이모 덕분에 우리는 미용실 문 닫는 시간도 잊고 이야기 삼매경에 빠져들었다.

"사실 난 성진시 출신이야. 다른 도시에서 일을 시작했다가 몇 해 전에 돌아왔어. 고향에서 미용실을 운영하는 게 꿈이었거든."

"우아, 이모도 성진시에서 태어났어요? 저도요!"

"알지, 알아."

이모는 코를 찡긋하며 웃더니 말을 이었다.

"고향인데도 미용실을 여는 게 쉽지 않더라. 오래전부터 자리 잡은 가게들도 있고 하니까. 결국 골목 끝에 있는 이 공간을 빌렸어. 이 골목에는 미용실이 우리 집밖에 없었고, 공간을 빌리는 비용도 쌌거든."

이모는 가게 안을 한번 둘러보더니 말을 이었다.

"그런데 골목 맨끝까지는 사람이 잘 다니지 않더라고. 그래서 무조건 단골손님을 만들어야겠다고 생각했지. 한번 미용실을 찾은 사람은 반드시 다시 찾아오게 만들자고 결심했어. 머리 잘하는 집, 실력 좋은 집이라고 입소문이 나면 자연

스럽게 손님이 늘어날 테니까. 트렌드에 뒤처지면 안 되니까 여기저기 계속 교육도 받으러 다니고 인스타나 연예인 기사 사진도 자주 찾아보면서 연구해. 손님들 의견도 열심히 들어 보고."

"그러니까 제가 민준이를 데려왔죠. 서울에서 전학 온 지 얼마 안 됐는데 미용실을 추천해 달라길래 가장 실력 있는 이모 미용실로 딱!"

"하하하. 내 전략이 통했네."

이모 미용실 머리 스타일은 뭐가 달라도 다르다. 세련됐다고나 할까? 그 모든 게 엄청난 노력과 전략으로 만들어진 거라니. 이모가 새삼 대단해 보였다.

"사실 하나 더 이루고 싶은 꿈이 있어."

"꿈이오? 어른도 꿈이 있어요?"

"어른이라고 왜 꿈이 없겠니? 내 꿈은 우리 지역 헤어 디자이너들과 함께 협동조합을 만드는 거야."

"협동조합? 그게 뭐예요?"

난생처음 들어 보는 단어였다.

"협동조합은 같은 일을 하는 사람들이 자본을 모아서 만든 조직이야. 우리 주변에도 협동조합이 꽤 많아. 서울우유, 선키스트는 들어 봤지? 서울우유는 젖소를 기르는 농민들이 모여서 만든 협동조합이고, 선키스트는 오렌지와 레몬을 재배하는 농민들이 모여서 만든 협동조합이야."

"서울우유, 선키스트 알죠! 근데 협동조합을 만들면 뭐가 좋아요?"

"혼자서는 할 수 없는 많은 일에 함께 도전할 수 있어. 비슷한 일을 하는 사람들이니까 최신 유행 정보나 기술을 공유하면서 실력을 키우기도 하고, 공동 구매로 재료를 더 싸게 사기도 해. 헤어 제품을 함께 개발해서 브랜드를 만들 수도 있지."

"우아! 브랜드를 만든다고요?"

오랫동안 알고 지낸 이모를 나는 이제 존경의 눈빛으로 바라보고 있었다.

미용실을 나와 집으로 돌아가는데 골목에 있는 가게 하나하나가 특별해 보이기 시작했다. 모두 지역 주민들에게 꼭 필요한 서비스를 제공하는 기업이니까. 이 가게들도 저마다의 고민과 이루고 싶은 꿈이 있겠지?

"야, 우리 이모 진짜 멋지지 않냐? 성진시의 미용 산업을 이끌어 나가는 사업가! 협동조합 대표! 좀 있으면 이 골목도 엄청 유명해지는 거 아닐까? 잘 나가는 브랜드가 태어난 곳이라면서 인플루언서들이 막 찾아오고, 라이브 방송도 하고 그러는 거지."

"풉, 언제는 작은 동네에 무슨 경제가 있겠냐더니."

"야, 그게 언젯적 일인데! 잊어 주라, 쫌!"

성연의 취재 노트
지역 경제를 살리는 기업과 협동조합

✈ 기업이란?
생산 활동을 하고 돈을 버는 모든 곳

✈ 기업에는 어떤 종류가 있을까?
→ 대기업
  - 많은 자본과 인력이 필요한 일들을 하는 기업
  예) 스마트폰, 자동차, 통신, 항공 서비스 등

대기업

작은기업

→ 작은기업(소기업)
  - 지역 사회에 있는 가게나 공장처럼 규모가 작은 기업
  - 일자리를 제공하며, 동네 경제 활성화에 중요한 역할을 한다.

→ 협동조합
- 같은 사업 목표를 가진 사람들이 모여서 만든 조직.
- 개인이나 작은 기업이 하지 못하는 일들에 도전한다.

협동조합

예) 우유 생산자가 모인 서울우유협동조합, 오렌지 농부들이 모인 선키스트, 신문사와 방송국들이 함께 설립한 AP통신

생각거리

- 우리 동네에 있는 기업과 협동조합을 찾아보자.

`4학년 1학기` 경제 활동과 지역 간 교류
`6학년 1학기` 우리나라의 경제 발전

오해가 풀리다

 잠이 오지 않는 밤이다. 머리끝까지 이불을 덮어써 봐도 눈이 말똥말똥, 정신이 더 맑아지기만 한다. 후유…. 연달아 한숨을 내쉬며 오늘 낮에 민준이와 나눴던 대화를 생각하고 또 생각했다.
 하굣길에 민준이를 꼬셔서 디저트 카페에 갔다. 취재거리가 될 수도 있다는 핑계를 댔지만 사실은 그냥 빙수가 먹고 싶어서였다. 민준이는 순순히 따라왔다.

"성신시 토박이인 내가 추천하는 최고 맛집이야. 알지? 내 안목 끝내주는 거. 이 가게 빙수에 들어가는 팥조림은 우리 지역 농민들이 정성껏 기른 팥으로 사장님이 직접 만든 거라고. 다른 데서는 절대 맛볼 수 없지. 일단 먹어 보면 만날 오자고 할걸."

우리는 컵빙수를 하나씩 들고 공터 옆 벤치에 나란히 앉았다.

"진짜네. 정말 맛있다."

민준이는 눈을 동그랗게 뜨며 엄지손가락까지 들어 보였다. 진실의 미간까지 찡긋.

"거봐, 내가 뭐랬어."

맛있게 먹는 민준이를 보니 나도 모르게 신이 났다. 이 기분은 뭐지? 우리 사이에도 우정 비슷한 게 생긴 걸까? 그러고 보니 미용실을 소개해 준 후로 민준이와 꽤 친해진 느낌이다.

"재미있어 보인다."

"응?"

민준이는 웃으며 놀이터에서 축구공을 가지고 노는 아이들을 가리켰다.

"넌 축구하는 거 안 좋아하잖아? 방과 후에 축구하는 거 한 번도 못 봤는데?"

내 말에 민준이는 비밀을 들키기라도 한 것처럼 뜨끔한 표정이었다. 얼굴이 조금 붉어진 것도 같았다. 더워진 날씨 탓인지도 모른다.

잠시 침묵이 흐르는가 싶더니, 민준이는 한숨을 푹 쉬고는 불쑥 속마음을 털어놓았다.

"사실 나 축구하는 거 좋아해. 보는 것도 하는 것도 다 좋아. 그런데 잘 못 해. 그냥 못 하는 정도가 아니라 진짜 너무 못 해. 그래서 안 하는 거야."

"그게 무슨 말이야? 축구를 좋아하긴 하는데 할 수가 없다는 거야? 잘 못 해서?"

"…응."

"잘하는 사람도 있고 못 하는 사람도 있는 거지. 축구가 별거냐? 그냥 하면 되지! 나도 축구 실력 그저그래."

"내가 축구하는 걸 네가 못 봐서 그래. 내가 들어가면 그 팀이 무조건 져. 내가 너무 못 해서. 애들이 처음엔 짜증 내고 원망하는데 나중엔 아예 안 끼워 주더라고. 그래서 이젠 축구를 안 해."

머리를 한 대 맞은 것 같았다. 같이 축구 한 게임 하자고 했다가 거절 당할 때마다 깍쟁이, 거만한 녀석이라고 속으로 욕했는데, 그게 축구를 잘 못 해서였다니.

"전에 PC방 가자고 할 때도 안 간다고 했잖아? 그럼 게임도 잘 못 해서 안 하는 거야?"

"아니, 그건…."

민준이는 쑥쓰러운 듯 머리를 긁적이더니 말했다.

"내가 맨날 집에 일찍 가야 한다고 핑계 댔잖아. 그래 놓고 PC방만 가려니까 좀 민망하더라고. 그동안 거절한 게 미안하기도 하고."

"……."

머릿속이 점점 더 복잡해졌다. 뭐라고 대꾸해야 할지 알 수 없었다.

"여기서도 축구 못 하는 애로 찍히고 싶지는 않아. 너무 찌질하잖아. 놀림 당하는 것도 싫고. 그냥 지금처럼 축구 안 하는 애로 남아 있는 게 낫지. 그러니까 너, 절대 소문 내면 안 돼!"

"어, 그, 그래, 걱정 마!"

대답은 했지만 찜찜한 기분은 어쩔 수 없었다. 나뿐만 아니라 다른 친구들도 오해하고 있었다. 외모에 신경 쓰느라 흙먼지를 뒤집어쓰며 뛰어다니는 축구를 안 하는 거라고, 이 동네 PC방은 시시해서 안 가는 거라고 말이다. 억울한 오해는 풀어 주는 게 맞지 않을까?

"그리고 하나 더 부탁하고 싶은데…."

"또 뭔데? 무슨 비밀이 더 있어?"

민준이는 잠시 뜸을 들이더니 입을 열었다.

"서울쥐, 서울 깍쟁이라고 부르지 말아 줘."

"하하…. 들었냐? 내가 붙인 별명?"

"나도 귀가 있는데 몰랐겠냐? 아주 대놓고 들으라고 큰소리로 말하더구만, 뭐."

"미안. 진짜 미안. 난 네가 서울에서 와서 우리를 무시하나 했거든. 같이 놀자고 해도 그냥 가 버리고, 뭘 물어봐도 대답도 잘 안 하고 그러니까."

"내가 왜 너희를 무시하냐? 안 그래도 처음 전학 와서 낯설고 어색한데 잘 알지도 못하는 서울 얘기만 물어보니까 할 말이 없어서 그런 거지. 나 서울에서 2년밖에 안 살았어. 태어난 곳은 성진시보다 더 작은 도시고. 그러니까 서울쥐 아니고 시골쥐라고."

민준이는 이렇게 말하고는 혼자 키득거렸다.

"뭐가 재밌어서 혼자 웃냐?"

"재밌잖아 시골쥐 서울쥐. 하하하, 안 웃겨?"

"뭐래, 싱겁긴."

나도 따라 웃긴 했지만 마음 한편은 여전히 불편했다.

처음에 민준이가 대답도 잘 안 하고 얼버무렸던 이유가 잘 몰라서였다니. 우리를 무시해서가 아니라 어색했던 거라니! 그동안 민준이 뒤에서 했던 말과 행동들이 마구마구 떠올랐다. 조성연, 이 멍청이! 대체 무슨 짓을 한 거야?

미안한 마음 때문이었을까? 어느 순간 나도 민준이에게 속마음을 털어놓고 있었다.

"그래도 넌 서울에서 살아 봤잖아. 내 소원은 1년, 2년 만이라도 좋으니까 이 조그만 성진시를 벗어나는 거야. 평생 이 동네에서만 살 거라고 생각하면 너무 답답해. 그래서 부모님을 열심히 조르는 중이야. 이사 가자고. 서울로 전학 가는 게 내 꿈이거든. 근데 네가 서울에서 왔다고 하니까 궁금하기도 하고 부럽기도 하고, 질투 비슷한 게 나기도 하고 뭐 그랬었나 봐."

부럽다니! 질투라니! 이렇게 낯간지러운 얘기를 내 입으로 하게 될 줄이야!

"나는 네가 부러운데."

"부러워? 내가?"

"그냥 하는 말이 아니라 진짜로 네가 부러워."

민준이 눈빛은 그 어느 때보다 진지했다.

"우리 아빠는 직업 군인이야. 군인들은 자주 근무지가 바뀌거든. 그때마다 이사를 해야 해. 보통 2년에 한 번쯤? 전학도 가야 하지. 어릴 때는 잘 몰랐는데 매번 낯선 동네에 적응하고 친구도 새로 사귀어야 하니까 은근히 스트레스가 되더라. 지금도 그래. 또 전학 갈 생각을 하면 벌써부터 갑갑해."

저녁노을을 받으며 덤덤하게 말하는 민준이 얼굴이 왠지 슬퍼 보였다. 쓸쓸해 보이는 것도 같았다.

하지만 헤어지기 전에 손을 흔드는 민준이는 한결 후련한 얼굴이었다. 속마음을 털어놓은 것만으로도 도움이 된 걸까? 나도 밝게 웃으며 손을 흔들어 주었다. 민준이에 대한 오해와 질투를 털어 내서일까, 집으로 돌아오는 내 발걸음도 한결 가벼웠다.

그런데 밤이 되자 민준이의 쓸쓸한 얼굴이, 그동안 민준이를 오해하고 질투하고 험담했던 내 모습이 떠올라 잠이 오지 않았다. 미안한 마음이 자꾸만 커져 갔다. 성연아, 대체 너 왜 그랬니?

"아, 몰라! 지금부터 잘 지내면 되지! 다른 애들이랑도 어울릴 수 있게 도와주고. 그러다 보면 자연스럽게 오해도 풀리겠지. 모둠 활동도 뭐, 더 열심히 하면 되잖아?"

마음을 정하고 나니 금세 잠이 쏟아졌다.

민준의 취재 노트
특산물로 풍성해지는 경제 교류

우리나라 특산물 지도

- 쌀, 도자기 — 이천 여주
- 한우 — 횡성
- 오징어 — 울릉도
- 유기 — 안성
- 밤 — 공주
- 대추 — 보은
- 곶감 — 상주
- 고추 — 영양
- 대게 — 영덕
- 사과 — 청송
- 굴비 — 영광
- 한지 — 전주
- 배 — 나주
- 나전 칠기 — 통영
- 감귤 — 제주
- 김 — 완도

각 지역은 필요한 특산물을 사고팔며 경제 교류를 한다.
덕분에 가까운 시장에서도 지역별 특산물을 만날 수 있다.

✦ 지역마다 특산물이 다른 이유는 뭘까?
→ 기후, 교통, 문화 등 다양한 요인 때문.
예) - 제주도: 가장 남쪽에 위치. 따뜻한 기후 때문에 감귤, 한라봉, 바나나 등 아열대 작물이 유명하다.
  - 경기도 안성: 옛날부터 교통 중심지로 많은 물자들이 모였다. 덕분에 상품을 담을 수 있는 품질 좋은 유기 그릇이 발달했다.

'안성맞춤'이란 말이 여기서 나왔대!

✦ 지역 축제는 특산물 홍보의 기회!
나주 배꽃 축제(4월), 춘천 막국수닭갈비 축제(5월), 금산 인삼 축제(9월), 임실 치즈 축제(10월), 순창 장류 축제(10월), 청송 사과 축제(11월), 영덕 대게 축제(12월) 등

생각 거리

- 시장에서 특산물을 찾아보고 구매해 보자.

4학년 1학기 경제 활동과 지역 간 교류
4학년 2학기 다양한 환경과 삶의 모습

도서관 '노쇼'를 막아라

토요일 오전 9시 30분, 오늘 취재 장소는 성진시립도서관이다. 동네 구석구석을 돌아다니며 취재하느라 벌써 몇 주째 달콤한 주말 늦잠을 못 잤다. 게다가 오늘은 비까지 내리고 있었다. 하지만 난 투덜대기는커녕 약속 시간보다 15분이나 일찍 나왔다.

역시 모든 일은 마음먹기에 달린 건가? 신문을 열심히 만들겠다고 결심한 후로 이른 아침 주말 취재에도 짜증이 나지

않는다. 오히려 오랜만에 온 도서관이 반갑기까지 하다.

이달의 행사 안내 포스터를 보고 있는데 하나둘 친구들이 도착했다.

"오~ 성연, 1등으로 왔네?"

민준이가 친근하게 어깨를 툭 치며 인사했다. 나도 씨익 웃어 주었다. 네 명이 모두 모이자 도서관 취재를 제안한 수정이가 앞장서서 우리를 이끌었다.

"안내문 봤지? 10시부터 행사니까 거기부터 가 보자!"

그리고 보니 신비한 마법물약은 수정이가 자주 보던 책

제목이었다. 그런데 그게 경제 이야기였나? 고개를 갸웃거리며 수정이를 따라갔다.

"웬일이니…, 제발 아니길 바랐는데…. 지우야, 얼른 사진부터 찍어."

수정이가 강당 안을 들여다보며 발을 동동 굴렀다.

어느새 시계는 9시 57분을 가리키고 있었다. 강연 시작까지 3분밖에 남지 않았지만 강당 안은 자리를 잡는 사람들로 어수선했다. 빈자리도 꽤 보였다.

사서 선생님은 계속 전화기를 붙들고 있었다. 아직 도착하지 않은 신청자들에게 연락하는 듯했다.

지우는 핸드폰 카메라로 어수선한 강당의 모습을 담았다.

"행사 신청자인가요?"

사람들을 안내하던 사서 선생님이 물었다.

"아뇨, 저희는 신청 안 했는데요."

"신청 안 했어도 괜찮아요. 강연을 듣고 싶으면 지금 들어가면 돼요."

"감사합니다! 애들아, 들어가자!"

수정이를 따라 우리도 얼떨결에 강당 안에 들어가 자리를 잡았다.

10시 10분.

여전히 드문드문 빈자리가 보였지만, 사서 선생님이 마이크를 잡고 작가님을 소개했다.

"기다려 주셔서 감사합니다. 멀리서 찾아와 주신 이나라 작가님을 큰 박수로 맞이해 주세요!"

수정이는 강당이 떠나가라 환호하며 박수를 쳤다. 역시 수정이가 좋아하는 책 작가가 분명했다.

'취재를 하러 온 거야, 작가님을 만나러 온 거야?'

속으로 투덜댔지만 사실 강의는 아주 재미있었다. 여러 번 폭소를 터뜨리며 시간 가는 줄 모르고 작가님 이야기에 빠져들었다. 책을 읽어 보고 싶은 마음이 꼭 읽어야겠다는 결심으로, 당장 읽어 봐야겠다는 간절함으로 바뀔 때쯤엔 어느새 두 시간이 훌쩍 지나 있었다. 역시 아무나 인기 시리즈를 쓰는 게 아닌가 보다.

책에 사인을 받으려는 사람들로 작가님 앞에 길게 줄이 늘어섰을 때 내가 말했다.

"근데 우리 오늘 뭘 취재하러 온 거야? 작가님 책에 경제 얘기는 없던데."

"뭐야, 보고도 모르겠어? 우린 여기 '노쇼'를 취재하러 온 거라고."

"노쇼가 뭐야?"

노쇼라니. 처음 듣는 말이었다.

"오겠다고 약속해 놓고 안 나타나는 거 말야. 식당을 예약해 놓고 오지 않거나, 오늘처럼 강연 신청을 해 놓고 참석하지 않는 걸 노쇼라고 해."

"아… 근데 그게 왜? 노쇼가 경제랑 무슨 상관인데?"

"맞아. 도서관 행사는 돈을 내는 것도 아니잖아."

지우도 한마디했다.

"노쇼는 다른 사람의 시간과 노력을 낭비하게 만드는 아주아주 심각한 문제니까. 나는 오늘 이 강연이 정말 듣고 싶었어. 〈신비한 마법물약〉 시리즈를 쓴 작가님을 직접 만날 수 있는 기회니까. 성진시에서 이런 기회는 정말 흔치 않다고. 도서관 행사 안내를 보고 신청하려고 했는데, 이미 자리

가 다 찼다는 거야. 대기자도 열 명이나 되어서 더 이상 등록이 안 되더라고. 내가 너무 실망하니까 사서 선생님이 강연 당일에 와서 기다려 보라고 하셨어. 혹시 안 오는 사람이 있으면 들어갈 수 있을 거라고."

늘 차분하고 화를 내는 법이 없던 수정이가 얼굴을 붉히며 속사포로 불만을 쏟아 냈다. 마치 사회 불만을 고발하는 래퍼라도 된 듯했다.

"생각해 봐. 이게 무슨 낭비야? 확실한 기회였다면 나도 사인 받을 책을 가져왔을 거야! 작가님 입장에서도 그래. 빈자리를 보면서 얼마나 힘이 빠지셨겠어?"

"그래, 네 말이 맞아. 충분히 화낼 만해. 그런데 그게 경제랑 무슨 상관이야? 나 진짜 궁금해서 그래."

내 말에 수정이 얼굴이 더 붉게 달아올랐다.

"작가와의 만남을 신청해 놓고 나타나지 않는 건 나 같은 팬에게서 기회를 빼앗고 사서 선생님도 고생시키는 일이잖아. 아까 봤지? 이 사람 저 사람한테 계속 전화하면서 어쩔 줄 몰라 하시는 거."

"그게 문제라는 건 알겠는데 경제랑 무슨 상관인지는 아직도 잘….".

"우리 이러지 말고, 사서 선생님을 만나 보자. 도서관 프로그램은 사서 선생님이 기획하시는 거니까, 우리에게 도움을 주실 거야."

민준이가 점점 더 흥분하는 수정이와 나를 말리며 나섰다. 수정이는 여전히 할 말이 많은 듯했지만 일단 우리를 도서관 3층으로 데려갔다.

3층에 와 본 건 처음이었다. 열람실만 다니느라 몰랐는데 직원 사무실, 창고, 보존 서고 등이 나란히 자리해 있었다. 도서관에 이런 곳들이 있었다니. 계속 두리번거리는데 수정이가 문 하나를 노크를 했다.

"네, 들어오세요."

단정하게 정리된 사무실 안에 사서 선생님이 앉아 계셨다. 선생님은 조금 놀란 눈치였지만 환하게 웃으면서 말했다.

"어린이 친구들, 내가 도울 일이 있나요?"

"네… 저… 어…."

수정이는 붉게 달아오른 얼굴로 우물쭈물하기만 했다. 조금 전까지 노쇼를 이야기하며 불타오르던 래퍼는 온데간데없었다. 어쩔 수 없이 내가 나서기로 했다.

"안녕하세요, 선생님. 저희는 우리 동네 곳곳의 경제를 취재하면서 신문을 만드는 모둠 활동을 하고 있어요. 오늘은 도서관을 취재하러 왔어요."

"그렇군요. 일단 앉아요!"

벌써 몇 번이나 취재 인터뷰를 해 본 나는 전문 기자처럼 자리를 잡고 앉았다. 훗, 오늘 나는 내가 생각해도 좀 멋지다.

"그러고 보니 아까 강연을 들은 친구들이네요? 어때요, 작가님과의 만남은 재미있었나요?"

"이나라 작가님 강연은 진짜진짜 재미있었어요! 들을 수 있어서 정말 좋았고요. 기회를 주셔서 정말 감사드려요."

나는 자리에서 일어나 고개 숙여 인사를 했다.

"맞아요, 정말 재밌었어요."

"저도요."

아이들도 뒤따라 일어나 인사했다.

"강연을 들어 주고 좋아해 줘서 내가 고맙죠. 와 주신 작가님께도 감사하고요."

사서 선생님은 우리에게 앉으라고 손짓하며 환하게 웃었다. 옆에 있는 사람들까지 환하게 만들어 주는 따뜻한 웃음이었다.

"이제 네가 나설 차례야."

나는 수정이에게 귓속말을 했다. 수정이는 조금 긴장한 듯 보였지만 마음을 가라앉히고 당찬 목소리로 이야기를 시작했다.

"선생님, 사실 저는 이나라 작가님 팬이에요. 지난번에 작가와의 만남 신청이 마감되어서 문의를 드렸었는데, 기억하세요? 혹시 모르니 강연 날에 다시 와 보라고 하셨잖아요."

"아, 맞아요, 기억나요. 그럼 이걸 다행이라고 해야 하나…. 오늘 안 온 사람들이 많아서 다 같이 강연을 들을 수 있었으니까요."

"하지만 선생님, 저는 신청자들이 나타나지 않는 게 진짜 문제라고 생각해요. 빈자리에 앉을 수 있었다고 좋아할 게 아닌 거 같아요. 신청한 사람은 번번이 오지 않고, 행사에 참여하고 싶은 사람은 빈자리가 없을지도 모르는데 일단 와서 기다려야 하고요. 저는 이러면 안 된다는 사실을 사람들에게 알리고 싶어요."

"맞아요, 노쇼는 정말 큰 문제죠. 노쇼를 막기 위해서 벌점 제도도 운영하고 있는데, 그래도 번번이 이런 일이 일어나네요."

사서 선생님 미간이 살짝 찌푸러졌다. 골치 아픈 문제가 분명한 듯했다.

"그런데 선생님, 도서관 행사를 신청하고 오지 않는 것도 경제 문제라고 볼 수 있나요?"

나는 더 이상 참지 못하고 끼어들었다.

"당연히 경제 문제죠. 그것도 아주 심각한 경제 문제."

"정말요?"

나는 놀라서 눈을 동그랗게 떴다. 내 쪽을 돌아보는 수정이 눈빛이 '거봐'라고 말하듯 의기양양하게 빛나고 있었다. 그래, 알았어, 알았다고.

사서 선생님은 화이트보드 앞으로 가더니 빠르게 글씨를 써 내려갔다.

"도서관에서 행사를 열 때 해야 할 일 리스트예요. 당연히 이 과정에는 돈이 필요해요. 먼 곳에서 오신 작가님께는 강연료를 드리고, 도서관 정문과 로비에는 행사 소식을 알리는 알림판을 붙이죠. 현수막도 걸고요. 열람실에도 포스터를 붙여요. 이런 홍보물을 만드는 데도 당연히 비용이 들어가요."

"하지만 강연 신청은 무료잖아요?"

"맞아요, 모두 무료고 선착순으로 신청을 받아요."

"그럼 문화 행사를 할 때마다 도서관은 손해를 보잖아요? 그런데도 왜 매주 행사를 열어요?"

"아주 좋은 질문이에요."

사서 선생님의 칭찬에 수정이 볼이 또 살짝 붉어졌다.

"주민 모두가 행복한 지역 사회를 만들기 위해서는 다양한 체험을 할 수 있는 문화 공간이 꼭 필요해요. 성진시에서는 우리 도서관이 그 역할을 맡고 있고요. 그러니까 무료 행사를 연다고 손해를 보는 건 아니에요. 이건 주민들의 행복을 위해서 반드시 써야 할 비용이니까요."

우리는 고개를 끄덕이며 이야기를 들었다.

"하지만 누군가는 도서관을 운영하는 비용을 내야 해요. 그 비용은 나라가 감당하고 있죠. 오늘 같은 문화 행사, 열람실에 들이는 새 책, 청소 비용까지 모두요."

이야기에 빠져 있는 우리에게 사서 선생님이 기습 질문을 던졌다.

"그럼 나라에서 쓰는 돈은 어디에서 나올까요?"

우리는 대답하지 못하고 눈만 껌벅거렸다. 잠시 뜸을 들이던 선생님이 말했다.

"세금에서 나오는 거예요. 세금은 우리나라 국민 모두가 나눠서 내고요. 그래서 도서관을 함부로 이용하는 사람들을 보면 화가 나고 안타까워요. 노쇼도 마찬가지죠. 국민들이 열심히 일해서 낸 세금을 낭비하는 거니까요."

나는 이제야 노쇼가 왜 경제 문제인지 이해할 수 있었다.

우리는 도서관이 처한 문제를 널리 알리는 기사를 쓰기로 했다. 무료로 이용하는 것처럼 보이지만 도서관 운영 비용은 결국 우리가 부담하고 있다. 당연한 듯 보이지만 우리가 잘 사용하지 않으면 도서관도, 도서관 행사도 사라질 수 있다. 이 사실만 알려도 변화를 만들 수 있지 않을까?

수정의 취재 노트

우리 모두가 지켜야 할 공공재

공공재를 공급하기 위해 세금이 쓰이지.

✦ 공공재란?
 - 누구나 공동으로 이용할 수 있는 시설이나 서비스
 예) 도서관, 공원, 소방서, 기차역, 도로, 상하수도,
    경찰서, 학교 등
 - 대부분 국가나 공공기관이 제공한다.
    시장에 맡겨 두면 제대로 공급되지 않기 때문.
 - 공공재 운영 비용은? <u>세금!</u>

✦ 세금이란?
   국가 또는 지방자치단체가 국민에게 거두어 들이는 돈.

✈ 세금은 누가 낼까? 국민 모두!
→ 어린이도 세금을 낸다!

영수증

상품명	단가	수량	금액
01*후레쉬우유200ml*3	2,250	1	2,250
02 바나나우유_200ml	1,500	1	1,500
03 고당도오렌지(미국)	1,130	4	4,520
04*밀폐용기	3,700	1	3,700
05 종이쇼핑백 100원	100	1	100

* 표시 상품은 부가세 면세품목입니다.

과 세 물 품		4,728
부 가 세		472
면 세 물 품		6,770
포 장 재 외		100
구매금액		12,070

우유속에바나나슈	1	3,000
총 구 매 액	1	3,000
과세물품가액		2,728
부 가 세		272
결 제 금 액		3,000

세금!

어린이도 세금을 낸다고?

과자에도 세금이 붙는다니

내가 낸 세금이 잘 쓰일 수 있도록, 공공재를 소중히 다뤄야 해.

생각거리

- 우리 동네 공공재는 뭐가 있을까?
- 영수증에서 내가 낸 세금을 찾아보자.

4학년 1학기 민주주의와 자치
6학년 1학기 우리나라의 경제 발전

도전! 어린이 통장 만들기

"사진만 찍으니까 지루해."

옆자리에 앉은 지우가 투덜거렸다. 나와 민준, 수정은 취재한 내용을 바탕으로 자료를 더 찾아보고 기사를 쓰느라 쉬는 시간마다 바빴다. 서로 쓰고 있는 기사를 보여 주며 고칠 곳을 찾기도 했다. 지우도 사진을 고르고 꾸미거나 보정하곤 했지만 조금은 심심한 눈치였다. 경제며 신문에는 관심도 없다더니, 경제 기사에 부쩍 관심을 보이기도 했다.

그러던 어느 날이었다. 지우가 특색 활동 시간에 꼭 취재하고 싶은 곳이 있다며 의견을 냈다.

"어린이 날 부모님께 선물 대신 용돈을 받았거든. 이 돈을 저축해 볼까 하고. 근데 내가 저축을 해 본 적이 없어. 내 이름으로 된 통장도 없고. 그러니까 다 같이 은행을 취재하러 가면 어때? 통장을 만들고 저축하면서 이런저런 질문도 하고 설명도 듣는 거지."

"좋은데? 경제 이야기에 은행이 빠질 수 없잖아."

"그럼 오늘 가 볼래? 어때?"

"좋아!"

하지만 은행 취재는 시작부터 삐걱였다. 얼마 전까지 학교 앞 사거리에 있던 은행이 보이지 않았기 때문이다.

"은행 지점들이 많이 없어졌다는 얘기를 들은 것 같아. 스마트폰으로 은행 일을 처리하는 사람이 많아서 그렇대."

수정이는 스마트폰을 꺼내 가까운 은행을 검색하기 시작했다. 다행히 성진시장 옆에 또 다른 지점이 있었다. 걸어서

10분 정도 거리다.

 문제는 또 있었다. 막상 도착하니 선뜻 유리문을 열고 안으로 들어갈 용기가 나지 않았다. 부모님을 따라 몇 번 와 봤을 뿐, 다들 한 번도 스스로 유리문을 밀어 열고 은행에 들어간 적이 없었던 거다. 은행에서 무슨 일을 하는지도 잘 알지 못했다. 모두가 우물쭈물 망설이는데 지우가 크게 심호흡을 하더니 문을 밀어 열었다. 동시에 보안요원이 다가왔다.

 "어린이 여러분, 무엇을 도와드릴까요?"

 아저씨는 친절한 미소를 띠고 있었지만 나는 왠지 작아지는 기분이 들었다. 잘못한 것도 없는데 왜지?

 "안녕하세요, 저희는 통장을 만들고 싶어서 왔어요."

 대답하는 지우 목소리가 조금 떨리고 있었다.

 "어린이들이 통장을 만들려면 보호자가 있어야 해요. 같이 온 어른은 안 계세요?"

 "우리끼리 왔는데요…. 그럼 안 돼요?"

 지우는 당황한 기색이 역력했다. 이대로 돌아가야 하나

생각하는데 수정이가 나섰다.

"부모님께 전화 드려 봐. 지금 집에 계신 분 없어? 용돈을 저축하러 왔다고 하면 당연히 도와주실걸?"

"어… 그래, 맞아."

지우는 스마트폰을 꺼내 들고 버튼을 눌렀다. 입술을 잘근잘근 깨무는 걸 보니 꽤 초조한 눈치였다.

"살았다! 아빠가 오신대!"

통화를 마친 지우는 언제 그랬냐는 듯 다시 발랄한 모습으로 돌아와 있었다. 그렇게 30분쯤 기다렸을까, 한 아저씨가 종이 몇 장을 들고 은행으로 뛰어 들어왔다.

"지우야!"

"아빠!"

지우랑 꼭 닮은 눈코입. 누가 봐도 지우 아빠다. 우리는 모두 자리에서 일어나 인사했다.

"안녕하세요?"

"그래, 안녕! 지우 친구들이구나? 나는 지우 아빠야. 말

안 해도 알려나? 우리가 좀 붕어빵 부녀지? 하하하."

아저씨는 반갑게 인사하더니 지우를 보며 말했다.

"통장 만들러 간다고 진작 말을 해 주지. 그랬으면 서류를 미리 챙겨 놨을 텐데. 학교 끝나는 시간에 맞춰서 은행에서 만나자고 했으면 딱인데. 그래도 다행이지, 마침 아빠가 휴가라서 집에 있었잖아. 하마터면 친구들이랑 헛걸음할 뻔했어. 자, 얼른 통장 만들러 가자. 은행은 네 시면 문을 닫는다고."

활달하고 말이 많은 것까지, 지우 아빠는 지우와 똑같았다. 나한테 "엄마랑 똑 닮았구나!"라고 말하는 사람들도 이런 기분이겠지?

'딩동! 135번 고객님. 2번 창구로 오세요.'

때마침 우리가 뽑아 둔 번호가 불렸다. 벌써 세 번째 다시 뽑아 놓은 번호표였다.

우리는 지우 아빠를 앞세워 우르르 창구로 몰려갔다.

"안녕하세요, 김지우 어린이 보호자입니다. 지우 이름으

로 통장을 만들려고요."

"네, 고객님. 보호자 신분증과 도장, 필요한 증명서들은 모두 준비해 오셨나요?"

"네!"

창구에 앉은 은행원 누나는 서류를 확인하더니 물었다.

"통장 종류는 어떤 걸로 해 드릴까요?"

"글쎄요…."

지우 아빠가 고개를 갸웃하는데 지우가 불쑥 끼어들었다.

"통장을 제가 골라도 될까요? 제가 바로 이 통장 주인이거든요."

"네, 고객님이 직접 골라도 되지요. 어린이 통장을 추천해 드릴까요?"

은행원 누나가 환하게 웃으며 말했다.

"근데요, 사실 제가 은행에 처음 와 봤거든요. 통장 종류가 여러 가지인가요? 모르는 게 많아서 그러는데 자세히 설명해 주시면 감사하겠습니다."

"하하하. 그래요. 자, 먼저 통장 모양을 보여 줄게요."

지우가 종이를 받아 들고 요리조리 살폈다. 귀엽고 멋진 캐릭터들이 그려진 어린이 통장 카탈로그였다.

"우아, 저 이 캐릭터 진짜 좋아하는데. 이걸로 할래요."

"설명도 안 듣고요?"

"아, 맞다, 설명. 네, 설명 부탁드립니다."

"언제든 용돈을 자유롭게 입금했다가 자유롭게 찾아 쓰고 싶으면 자유입출식통장을 만들어야 해요. 근데 이건 이자율이 낮아요. 통장에 있는 돈을 쓰지 않고 꾸준히 차곡차곡 모으기만 할 생각이라면 이 '어린이 통장'을 추천할게요. 초등학생들을 위해서 나온 상품인데 이자를 많이 주거든요. 초등학교를 졸업하기 전까지 자유롭게 저축하고, 모아 놓은 돈은 졸업한 다음에 찾는 거예요."

"근데 이자가 뭐예요? 들어는 봤는데 사실 뭔지 잘 몰라서요. 너무 기초적인 질문이라면 죄송해요."

"뭐가 죄송해요? 누구에게나 처음이 있는 건데요. 천천히 설명해 줄게요. 이해가 안 되면 바로 질문해 주세요."

"네!"

우리는 다 같이 눈을 빛내며 집중해서 설명을 들었다.

"고객님은 돈을 은행에 맡길 수 있어요. 이걸 예금이라고 해요. 예금을 하면 은행은 고객님들께 돈을 드려요. 이게 바로 이자예요. '예금 이자'라고 하죠. 이자율은 맡긴 돈에 비해 얼마를 이자로 주는지 퍼센티지로 표시한 거예요."

"저 질문요!"

수정이가 손을 번쩍 들었다.

"예전부터 궁금했는데, 은행은 돈을 맡아 주는 일을 하면서 왜 보관료를 받지 않아요? 보관료는 안 받고 오히려 돈을 더 준다니, 이상해서요."

"은행이 고객님의 예금을 금고에 보관만 한다면 보관료를 받는 게 맞아요. 하지만 은행은 고객님이 맡겨 주신 예금을 돈이 필요한 다른 사람에게 빌려주는 일을 하거든요. 돈을 빌려주고 돈을 쓰는 대가를 받아요. 그렇게 받은 대가를 돈을 맡겨 주신 고객님들께 나눠 드리는 거죠."

"음…. 잘 모르겠어요."

"예를 들어서 설명해 볼게요. 우리 동네에 카페를 열려는 사람이 있어요. 카페를 열려면 커피나 차를 마실 공간이 있어야 하고, 커피를 만드는 기계도 있어야 하죠. 공간도 멋지게 꾸며야 하고요. 그런 일을 하려면 돈이 필요하겠죠. 그런데 가지고 있는 돈이 부족할 수 있잖아요? 이럴 땐 은행에서 돈을 빌릴 수 있어요."

은행원 누나는 우리 한 명 한 명과 번갈아 눈을 맞추며 차분하게 설명을 이어 갔다.

"이렇게 돈을 빌리는 걸 '대출'이라고 해요. 대출 받은 사람은 은행에 대가를 내야 해요. 이걸 '대출 이자'라고 해요. 은행은 돈을 빌려주고 대출 이자를 받아서 은행에 예금을 한 고객님들께 예금 이자를 주는 거예요."

언젠가 사랑 헤어에서 들었던 이야기가 떠올랐다. 이모도 미용실을 열 때 은행에서 돈을 빌렸다고 했었다. 이모가 빌린 돈도 누군가의 예금에서 나온 거구나.

"용돈을 저축하면 누군가 카페를 열 수 있는 거네요?"

"카페뿐만이 아니죠. 고객님의 저축은 누군가 새로운 일에 도전할 수 있는 밑거름이 돼요. 은행은 중간에서 다리를 놓아 주고요."

"그런데요, 왜 통장마다 이자율이 달라요? 어린이 통장만 이자를 많이 주는 건 어린이이기 때문인가요?"

"그건 예금 방식이 달라서 그래요. 아까 말했죠? 어린이 통장은 저축은 얼마든지 할 수 있지만 초등학교를 졸업한 다음에 돈을 찾을 수 있다고요. 이런 통장에 있는 돈은 은행이 마음 놓고 오랫동안 빌려줄 수 있잖아요. 그래서 이자도 많이 주는 거예요. 돈을 자유롭게 넣었다 뺐다 할 수 있는 자유입출식통장은 고객님이 언제 돈을 찾아 갈지 모르잖아요. 그러니까 마음 놓고 돈을 빌려주기 어렵죠. 그래서 이자를 조금만 주는 거예요."

"네…."

"어때요? 이제 어떤 통장을 만들지 결심이 섰나요?"

진지하게 고개를 끄덕이며 설명을 듣던 지우는 잠시 고민에 빠진 듯 보였다. 물론 고민은 오래가지 않았다.

"역시 어린이 통장을 만들어야겠어요. 표지 캐릭터 때문에 고른 건 절대 아니니까 오해하지 마세요! 용돈을 차곡차곡 모아서 큰돈을 만들어 보고 싶거든요. 그러니까 계속 돈을 모을 수 있고 이자까지 많이 주는 통장을 만들래요."

"좋아요. 그럼 어린이 통장을 만들어 드리겠습니다!"

통장이 나오길 기다리는 지우의 눈이 초롱초롱 빛났다.

지우 아빠는 아주 흐뭇한 얼굴로 지우를 바라보고 있었다. 내가 봐도 오늘 지우는 정말 당차고 믿음직스러웠다.

"고객님, 통장 나왔습니다."

"감사합니다!"

은행을 나서는 지우에게 나는 주먹 마이크를 가져다 대며 말했다.

"김지우 어린이, 생애 첫 통장을 만드셨는데 소감 한 말씀 해 주시죠!"

지우는 진지하게 자세를 잡더니 말했다.

"어린이도 은행을 이용할 수 있다는 사실을 알게 되어 기뻐요. 제가 맡긴 돈으로 누군가 하고 싶은 일을 하게 될 거라니 뿌듯하고요. 열심히 용돈을 모아서 다른 사람도 돕고 제 목표도 이루고 싶어요."

"아까 큰돈을 모으고 싶다고 하셨는데요, 큰돈을 모아서 하고 싶은 일이 있나요?"

"그건 아직 비밀입니다!"

"뭐야, 우리한테도 비밀이야?"

"궁금하면 졸업한 다음에 또 한번 취재하러 와!"

지우는 장난스레 눈을 찡긋해 보였다.

"자, 이제 사진 촬영 할게요. 멋진 포즈를 취해 주세요."

오늘은 수정이가 지우 대신 스마트폰을 들었다. 통장을 들고 환하게 웃는 지우 모습이 화면 가득 담겼다.

그동안 경제는 어른들의 일이라고만 생각했다. 어린이들

이 할 수 있는 일은 용돈으로 가게에서 물건을 사는 정도인 줄만 알았다. 그런데 내가 모은 용돈이 우리 동네에 사는 누군가의 꿈을 이루는 데 쓰일 수 있다니. 차갑고 딱딱하고 어렵게만 느껴지던 경제가 점점 더 따뜻하게 느껴지기 시작했다. 정말이지 경제는 알면 알수록 매력적인 존재다.

지우의 취재 노트
용돈을 은행에 예금하면 생기는 일

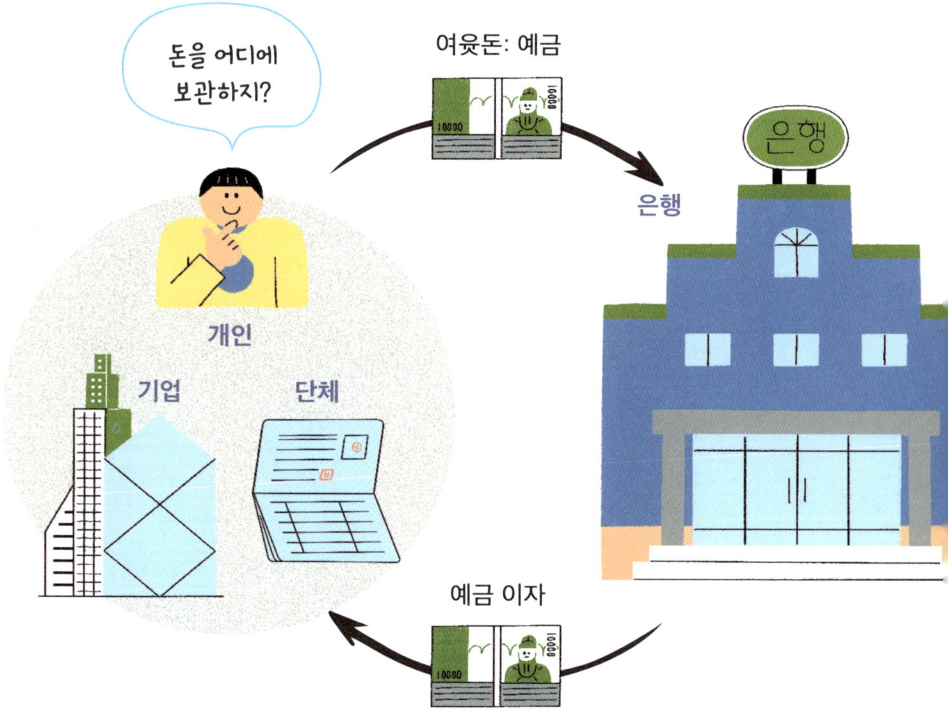

돈을 어디에 보관하지?

여윳돈: 예금

은행

개인

기업 단체

예금 이자

✍ 예금이란?
  - 돈을 은행에 저축하는 일
  - 예금 이자 : 예금한 돈의 일정 비율만큼 은행이 고객에게 주는 돈
→ 용돈을 은행에 예금하면 돈(예금 이자)이 생긴다!

대출이란?

- 필요한 돈을 은행에서 빌리는 일
- 대출 이자 : 빌린 돈의 일정 비율만큼 고객이 은행에 내는 돈

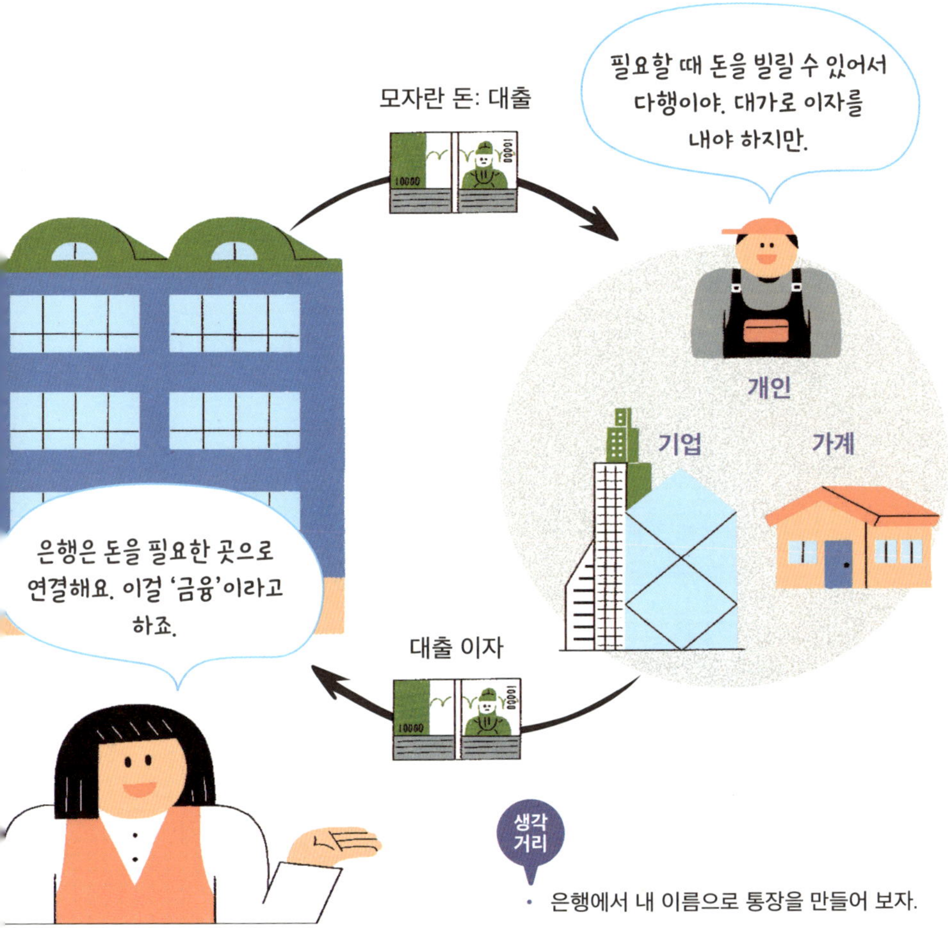

모자란 돈: 대출

필요할 때 돈을 빌릴 수 있어서 다행이야. 대가로 이자를 내야 하지만.

개인

기업 가계

은행은 돈을 필요한 곳으로 연결해요. 이걸 '금융'이라고 하죠.

대출 이자

생각거리

- 은행에서 내 이름으로 통장을 만들어 보자.
- 우리 지역에서 내가 맡긴 돈이 쓰일 만한 곳은 어디일까?

6학년 1학기 우리나라의 경제 발전

플라스틱을 줄이는 용기낸 가게

매주 일요일, 저녁을 먹고 나면 아빠랑 나는 분리수거를 하러 간다. 우리 아파트는 월요일 아침 일찍 재활용 폐기물 수거 차가 오기 때문이다.

"배달을 너무 많이 시켰나…."

일회용 포장 용기에 택배용 스티로폼, 비닐봉지들까지 이번 주는 분리수거 양이 꽤 많다. 아빠랑 나는 카트까지 동원해 양손 가득 재활용 폐기물들을 가지고 나갔다.

폐기물 분리수거장에는 이미 재활용 폐기물이 산처럼 쌓여 있었다. 특히 플라스틱이 많았다. 포장 용기, 페트

병, 그릇, 장난감…, 종류도 다양하다.

다른 폐기물 분리수거장도 마찬가지일까? 문득 궁금증이 일었다. 오늘은 곧장 집으로 돌아가는 대신 아파트 단지를 둘러보기로 했다. 이런 게 바로 기자 정신이겠지? 스스로 뿌듯해하며 발걸음을 옮기던 것도 잠시, 나도 모르게 숨 막히는 탄성이 나왔다.

'세상에.'

두 동마다 설치된 폐기물 분리수거장에는 누가 더 높이 쌓나 경쟁이라도 하듯 플라스틱, 종이, 비닐 더미가 산을 이루고 있었다. 이미 여러 자루가 묶여 있는데도 입을 벌린 자루들은 빠르게 채워져 갔다. 금방이라도 내용물을 쏟아 낼 듯 가득 차 있는 자루들도 보였다.

이게 겨우 일주일치라니. 우리 아파트뿐 아니라 다른 곳에서도 이렇게 폐기물이 쌓이고 있을 터였다. 대체 트럭 몇 대가 와야 저 폐기물들을 모두 실어 갈 수 있을까? 집집마다 끊이지 않고 나오는 이 많은 쓰레기들을 다 처리할 수는 있을까? 입을 다물지 못하고 생각에 잠겨 있는데, 누군가 툭 어깨를 쳤다.

"조성연, 너 여기서 뭐 해?"

같은 아파트 단지에 사는 지우였다.

"플라스틱 산 감상 중이야. 이렇게 매주 산을 쌓아도 되나 생각하면서."

"버려지는 플라스틱이 진짜 심각하게 많긴 하지. 폐기물 분리수거장을 보고 나면 며칠은 배달 음식을 끊게 된다니까. 양심이 따끔거려서."

"다른 아파트들에서 나오는 폐기물도 이렇게 많겠지?"

"그렇겠지. 아파트뿐이야? 가게에서 나오는 폐기물들도 만만치 않게 많아. 그건 매일 수거해 간다던데."

"이러다 지구 전체가 플라스틱에 뒤덮이겠어."

"생각만 해도 우울하다."

지우는 잠시 생각하더니 스마트폰으로 폐기물 분리수거장을 찍어 단톡방에 올렸다.

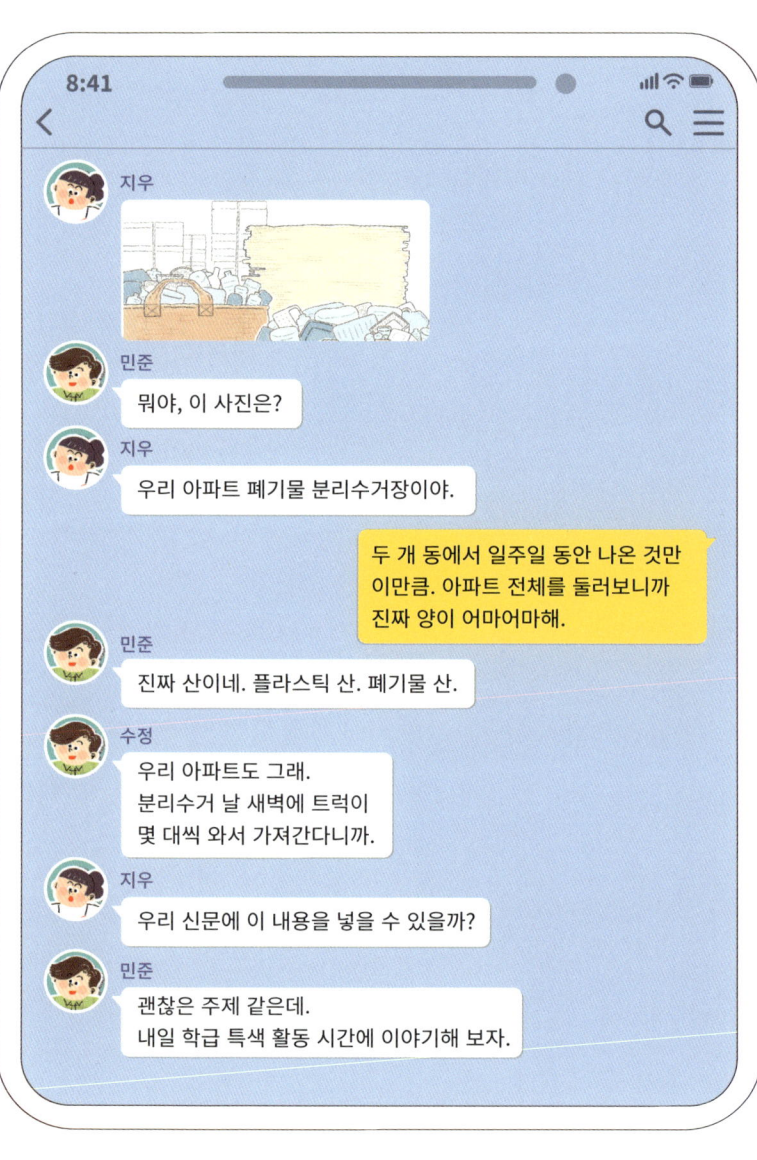

학급 특색 활동 시간, 우리는 열띤 토론을 벌였다. 환경 문제를 경제로 풀어 낼 수는 없을까? 그런 내용을 담으려면 어디를 취재해야 할까? 그때 민준이가 아이디어를 냈다.

"요즘 주말마다 부모님이랑 같이 시장에 가거든. 그중에 '용기낸 가게'라는 표지판을 붙인 가게들이 있는데, 그릇이나 가방을 가져가서 구매한 물건을 담아 가겠다고 하면 덤을 주거나 가격을 깎아 줘. 일회용 용기를 안 쓰는 값인 셈이지. 그런 곳을 취재하면 어때?"

"용기낸 가게? 이름 멋진데. '용기'라는 말의 두 가지 뜻이 함께 담겨 있잖아."

"환경 캠페인 같은 거야?"

"응. 그런 것 같아. 효과도 꽤 있는 듯하고. 그래서 우리 집은 시장 갈 때 장바구니랑 빈 통을 꼭 가져가. 야채나 과일 같은 건 장바구니에 담고, 고기나 생선 같은 건 통에 담아 와. 용기낸 가게만 골라서 가다 보니까 집에서 쓰고 버리는 플라스틱도 줄어들었어."

"용기낸 가게 표지판은 나도 본 것 같아. 그게 환경 캠페인인 줄은 몰랐지만."

"백문이불여일견! 백 마디 말보다 한번 보는 게 낫지. 오늘 학교 끝나고 다 같이 성진시장에 가 보자! 어때?"

역시 행동파 수정이다.

주말만큼은 아니었지만 방과 후에 찾아간 시장에는 저녁거리를 사러 나온 사람들이 꽤 많았다. 민준이 말대로 곳곳에 '용기낸 가게' 표지판들이 보였다. 관심 있게 보지 않아서 몰랐을 뿐, 안내문도 여러 개였다.

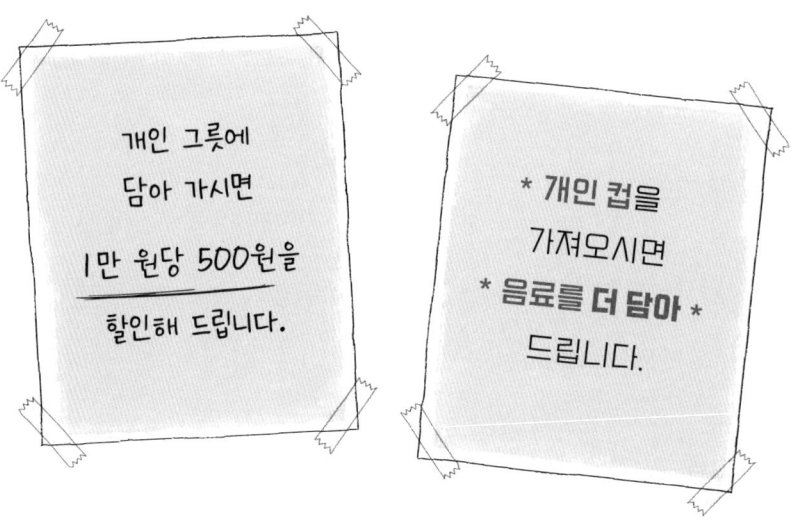

지우는 보물찾기하듯 표지판이 붙은 가게들을 찾아 사진을 찍었고, 우리는 지우 뒤를 따라 시장통을 누볐다.

"용기낸 가게에서 물건을 사 보자!"

나는 아이들이 대답할 틈도 주지 않고 '용기낸 가게' 표지판이 붙은 과일 가게 앞에서 큰 소리로 외쳤다.

"아주머니, 참외 한 바구니 주세요! 용기낸 가게니까 비닐봉지 대신 그냥 책가방에 담아 갈게요."

"그럼 못난이 참외를 두어 개 더 담아 줄게. 살짝 흠이 있긴 해도 맛은 끝내줘."

"감사합니다!"

아주머니가 가방에 참외를 담아 주는 동안, 나는 참았던 질문을 쏟아 냈다.

"아주머니는 왜 용기낸 가게를 하게 되셨어요?"

"환경을 위해서는 비닐봉지 사용을 줄여야 하잖어. 그러니까 당연히 해야지. 막상 하니까 좋아. 일회용품 안 쓰는 대신 덤을 주니까 장바구니를 챙기는 손님들이 늘었어. 우리

가게를 찾아오는 손님도 늘었고 말이야."

"근데 이렇게 덤을 많이 주면 손해 아니에요? 참외 두 개보다 비닐봉지 한 개 값이 더 싸잖아요."

"아이고, 참외 두 개면 싸게 치르는 거지. 환경이 망가져서 치러야 하는 비용에 대면 암것도 아니야."

"아주머니, 진짜 멋지세요!"

정말 그랬다. 지금 내 눈엔 대통령보다 환경을 위해 용기를 낸 아주머니가 훨씬 더 멋있어 보였다.

"그랴? 멋져? 멋지면 담에 또 와!"

아주머니는 취재 중이라는 말에 가게 앞에서 과일을 들고 멋진 포즈도 취해 주셨다. 책가방에 가득 담긴 참외 때문에 어깨는 무거웠지만 기분은 날아갈 듯 좋기만 했다.

"용기낸 가게 진짜 좋다. 플라스틱도 안 쓰고 덤도 받고, 지구도 좋고 나도 좋고."

"맞아! 사장님들도 모두 다 친절하셔. 그래서 용기낸 가게만 찾아다니게 된다니까."

민준이가 맞장구를 쳤다. 요즘 민준이와 나는 꽤 마음이 잘 통한다.

"이렇게 생각하면 되겠네. 우리가 온라인 쇼핑을 줄이고 용기낸 가게를 찾아서 물건을 사는 거야. 값도 싸고 환경 보호도 할 수 있으니까. 용기낸 가게들이 잘되면 플라스틱 사용이 줄어들고, 결국 시장을 찾는 손님과 가게, 나아가 지구까지 모두 이익을 보는 거지. 그러니까 오늘 우리는 착한 소비를 했다, 이 말씀!"

역시 수정이가 정리를 잘한다.

소비자와 상인 모두가 환경 보호를 생각하며 경제 활동을 하면 세상을 바꿀 수 있다. 그래서 착한 소비는 아주아주 중요하다. 모두가 착한 소비를 할 수 있도록 용기낸 가게를 널리 널리 알려야겠다.

이번 기사에는 용돈을 잘 쓰면 지구를 지키는 데 힘을 보탤 수 있다는 이야기를 담아야지. 내가 쓴 기사를 보며 더 많은 아이들이 플라스틱 줄이기에 참여하면 좋겠다.

성연의 취재 노트
착한 소비가 세상을 바꾼다!

첫 번째 이야기 - 친환경 포장재 사용하기

두 번째 이야기 - 나이키 어린이 노동 금지

학교에 가는 대신 축구공을 바느질하는 파키스탄 어린이 사진과 기사가 공개되자, 전 세계 소비자들은 나이키 제품 불매 운동을 벌였다.
결국 나이키는 공장 환경 개선과 어린이 노동 금지를 약속했다.

📌 착한 소비란?
가격, 품질뿐 아니라 환경, 사회, 미래 세대에 미치는 영향까지 생각하는 소비.

→ 소비자가 실천하면 기업이, 세상이 바뀐다!

생각
거리

- 내가 중요하게 생각하는 신념과 가치는 뭘까?
- 내가 할 수 있는 '착한 소비'는 뭘까?

4학년 1학기
경제 활동과 지역 간 교류

반짝반짝 우리 동네

 어느새 교실에는 긴팔보다 반팔 옷을 입은 아이들이 더 많다. 여름이 가까워 온다는 건 1학기가 거의 끝나 간다는 신호다. 민준, 수정, 지우와 함께하는 활동도 이제 막바지로 향하고 있었다.
 "다다음 주부터 여러분이 한 학기 동안 준비한 특색 활동 결과물을 강당에 전시하기로 했어요."
 아침 조회 시간에 선생님이 깜짝 발표를 했다.

"진짜 강당에 공개해요? 전교생이 보도록요?"

"맞아요. 전교생에게 보여 줄 거예요. 늘 옆에 있지만 자세히는 몰랐던 우리 동네 모습들을 잘 소개해 주세요. 뭐든지 시작을 했으면 제대로 끝을 맺는 것이 중요해요. 멋진 끝맺음이 될 수 있도록, 각 모둠별로 그동안 여러분이 들인 노력과 정성을 마음껏 뽐내 주세요."

선생님은 웅성거리는 아이들을 보며 싱긋 웃더니 말을 이었다.

"할 말이 많은 걸 보니 여러분의 결과물이 더 기대되는데요? 이번 특색 활동 시간부터 강당을 열어 둘 거예요. 전시 준비를 할 수 있도록요. 시간이 부족하면 점심시간이나 방과 후 시간을 좀 더 이용해도 좋아요."

전교생에게 한 학기 동안 우리가 만든 작품을 공개한다니, 조금 부담스러우면서 한편으론 설렜다. 신문이란 많은 사람들에게 읽혀야 더 큰 힘을 발휘할 수 있는 법이니까.

특색 활동 시간이 되자 우리 반 아이들 모두가 부쩍 분주

해졌다.

교실에 남아 자료를 정리하는 모둠도 있고, 강당으로 자리를 옮겨 본격적인 전시 준비를 하는 모둠도 있었다. 우리도 강당으로 자리를 옮기기로 했다.

자리를 옮기며 슬쩍 보니, 시내 한가운데에 있는 시청부터 외곽에 있는 성진읍성까지 문화재 팸플릿을 만드는 모둠이 눈에 띄었다. 우리 반에서 가장 솜씨 좋은 다경이가 그림을 그려 넣어서, 미술 작품이라고 해도 손색이 없을 팸플릿이었다. 처음에 내가 냈던 의견대로 문화재 조사를 했더라면 확 비교가 되었을 거다. 생각만 해도 아찔했다.

그 옆 모둠은 빈 상자, 우유팩, 물감, 클레이 등을 이용해 우리 동네 미니어처를 만들고 있었다. 어떤 건물인지 알아맞히는 재미가 쏠쏠해 보였다.

넋을 놓고 구경하다 보니, 갑자기 위기감이 몰려왔다. 우리 모둠이 가장 돋보여야 하는데! 나는 서둘러 우리 모둠으로 돌아왔다.

"우리 신문 말이야, 좀 더 특별하게 표현해 보자. 이대로라면 내용이 아무리 좋아도 다른 모둠에 가려져서 묻힐 것 같아."

한 학기 동안 친구들과 열심히 활동한 결과를 전교생에게 뽐내는 자리다. 다른 모둠에 밀리지 않는 멋진 결과물로 눈길을 끌고 싶었다. 다른 아이들도 같은 생각인 듯했다. 이런저런 이야기를 나누며 고민에 빠져 있을 때 문득 아이디어 하나가 떠올랐다.

"우리 신문 말이야, 종이에 프린트하지 말고 벽면에 크게 붙여서 소개하면 어때?"

어리둥절해하는 아이들을 위해 나는 벽 앞에 서서 손짓 발짓을 해 보였다.

"여기가 강당에서 가장 잘 보이는 벽이잖아. 여기에 크게 우리 동네 지도를 그리면 어떨까? 벽 한가운데에 동네 지도를 그리고, 우리가 쓴 기사들을 장소를 중심으로 배치하는 거야. 우리가 평소에 돌아다니는 모든 곳에 경제가 숨어 있다! 이걸 보여 주는 거지."

"좋은데? 그럼 '발로 뛰어 만든 기사'라는 점도 강조할 수 있잖아."

일단 방향이 정해지자 아이디어가 쏟아졌다.

"그럼 기사 제목도 다시 뽑아 보자. 눈에 확 띄는 매력적인 제목이어야 내용을 읽어 보고 싶을 테니까."

"사진을 잘 고르는 것도 중요해. 눈에 잘 띄도록 지도 위에 신경 써서 배치해야 하고."

"사진 편집은 걱정 마. 미래의 인플루언서에게 이 정도는 껌이지. 무슨 내용인지 궁금해서 들여다보도록 만들고 말 테니 믿어 보라고."

"경제를 다뤘다는 점을 강조해야 하니까, 신문이라는 특성은 꼭 살리자. 그래야 좀 더 호기심이 생길 거야."

"독자 코너도 만들면 어때? 다른 아이들이 참여할 수 있게 메모지를 놔두고 앞으로 취재했으면 하는 곳이나 의견을 써서 붙이라고 하는 거야. 그럼 우리 기사를 좀 더 꼼꼼하게 봐 주지 않을까?"

"굿 아이디어!"

우리는 각자 준비한 기사들을 하나하나 다시 들여다보며 핵심적인 부분을 요약하고 제목을 뽑았다. 의견이 모이면 정성스럽게 글자를 써 내려갔다. 지우는 신중하게 고른 사진들을 여기저기 붙이며 기사를 눈에 띄게 꾸몄다.

신문 가장 오른쪽에는 독자들이 참여할 수 있는 코너를 만들고, 가운데를 비워 누구나 메모를 남길 수 있도록 했다. 점착식 메모지와 펜을 가져다놓는 것도 잊지 않았다.

전시가 일주일 남았을 때 지우가 말했다.

"이름! 신문 이름을 안 정했다! 신문에는 가장 첫 번째 면에 이름이 커다랗게 쓰여 있잖아. ○○일보, ○○신문, 이런 식으로."

"맞네!"

우리는 무릎을 탁 쳤다.

"그런데 뭘로 하지?"

아이들의 시선을 끌 만한 이름은 쉽게 떠오르지 않았다.

경제 지도, 경제 신문, 어린이 경제…

우리는 틈날 때마다 머리를 맞댔지만 맘에 쏙 드는 제목을 찾지 못하고 있었다. 아까운 시간이 흘러갔다.

"신문이라고 해서 딱딱한 이름을 고를 필요는 없잖아?"

전시가 3일 앞으로 다가왔을 때 수정이가 말했다.

"그러니까 〈반짝반짝 우리 동네〉 어때? 이름에는 우리가 신문을 만드는 이유가 담겨 있어야 하잖아. 우리가 만든 신문으로 친구들이 반짝반짝 빛나는 우리 동네의 가치를 알게 되면 좋겠다는 바람을 담는 거지."

"반짝반짝 우리 동네…. 괜찮은데?"

순식간에 이름이 정해졌다. 지우는 예쁜 손 글씨로 종이 한 장마다 글자 하나씩을 적어 넣었다. 마지막으로 우리는 다 함께 우리 작품 제일 위에 이름 글자들을 붙였다. 이제 우리 동네 경제 지도를 담은 신문을 전교생에게 공개하는 일만 남았다.

민준의 취재 노트
돌고 도는 경제 흐름 한눈에 보기

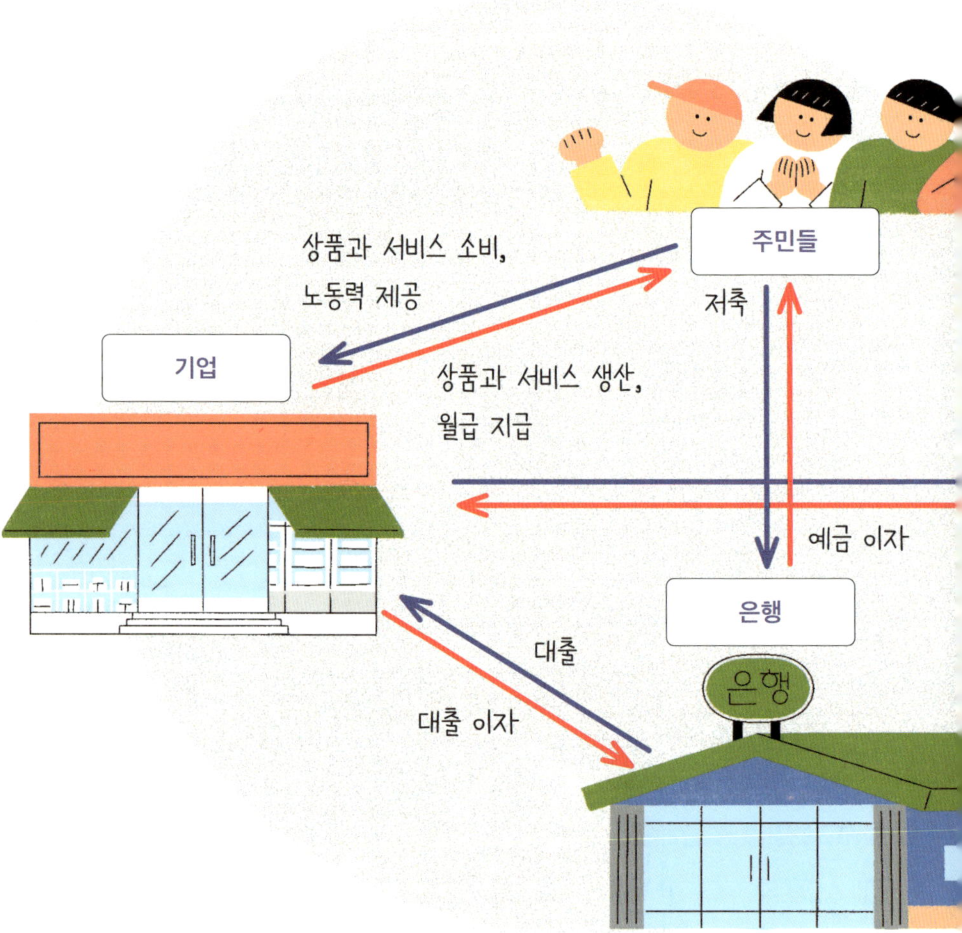

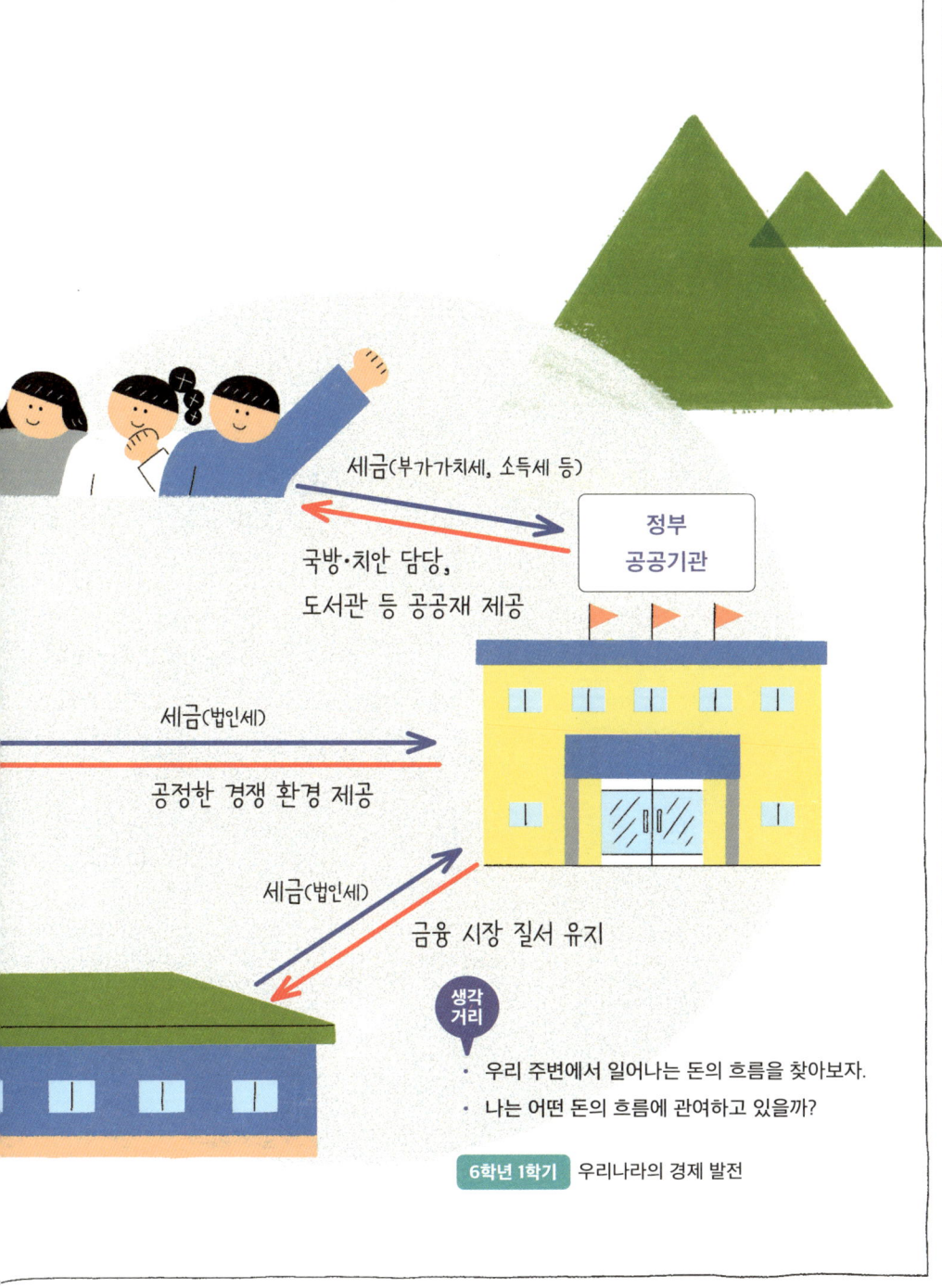

드디어 신문 공개!

'안녕하세요, 조성연 기자입니다. 저는 지금 성진시장에 나와 있습니다. 이곳에서는 플라스틱 포장 용기와 비닐봉지를 찾아볼 수 없다고 하는데요, 시민들이 다회 용기와 장바구니를 들고 시장을 찾고 있기 때문입니다. 이러한 변화를 이끈 건 우리초등학교 학생들이 만든 경제 신문입니다….'

"성연아, 일어나라, 학교 가야지!"

오늘도 엄마가 깨우는 소리에 눈을 떴다.

'왜 하필 지금…'

새 학기 첫날 꿨던 꿈만큼이나 깨기 아쉬운 꿈이었다. 하지만 이번엔 이불 속으로 파고드는 대신 눈을 번쩍 떴다. 오늘은 우리가 만든 신문이 학교 강당에서 공개되는 날이니까!

순식간에 준비를 마치고 냉장고에서 우유를 꺼내 벌컥벌컥 마시고는 허겁지겁 신발을 꿰어 신고 집을 나섰다.

"학교 다녀오겠습니다!"

다들 나랑 같은 마음인지, 한 시간이나 일찍 등교했는데도 몇몇 아이들이 이미 강당에 와 있었다.

강당 한쪽 벽면을 가득 채울 만큼 커다란 지도 그림에 사진, 기사까지 더한 우리 작품은 다시 봐도 꽤 그럴 듯하다. 형, 누나, 동생, 친구들이 우리 작품을 재미있게 봐 줄까? 가슴이 두근거렸다.

우리 학년은 오늘 하루 강당에 머물면서 전교생에게 자기 모둠이 준비한 작품을 소개하기로 했다. 수업 시간에 선생님과 함께 강당을 찾아오는 학년도 있고 쉬는 시간을 이용해 찾아오는 형, 누나들도 있었다.

　강당에 들어오면 가장 먼저 〈반짝반짝 우리 동네〉를 살펴보는 사람이 많았다. 신문을 크고 특별하게 만들어서 눈길을 끌자는 전략이 통했나 보다. 역시 내 아이디어는 우리 신문만큼이나 반짝인다니까.

　이런저런 설명을 해 주고 안내도 하면서 반응을 살폈다. 기사를 보며 대화를 주고받는 사람들을 보면 온 신경이 곤두섰다. 한 명 한 명의 반응에 이렇게 떨릴 줄이야.

　3교시가 시작되었을 때쯤엔 교장 선생님이 강당에 오셨다. 이 작품, 저 작품을 살펴보던 교장 선생님은 안쪽 가장 넓은 벽면을 차지한 우리 작품을 한참 동안 들여다보시더니 엄지손가락을 번쩍 치켜들었다.

　"우리 동네를 무대로 이런 경제 이야깃거리를 발굴하다니, 우리 학생들 정말 대단하네요. 이 기사들을 보면서 우리 어린이 학생들 모두가 '나도 지역 사회에서 함께 살아가는

✂ 사랑헤어

골목을 지키는 미용실이 꿈꾸는 미래를 들어 보세요. '사랑헤어'에는 우리 성진시 출신 실력파 디자이너가 있어요. 사장님은 협동조합을 만들겠다는 꿈이 있대요. 협동조합은 조합원들이 힘을 모아 혼자 할 수 없는 일에 도전하는 곳이에요. 이곳에서 성진시를 대표하는 세계적 헤어 제품 브랜드가 탄생하길 기대합니다!

🥘 용기낸 가게

여러분에게 드리는 꿀팁!

성진시장에서 '용기낸 가게' 표시를 찾아보세요. 구매한 물건을 집에서 가져온 그릇에 담아가면 덤을 주거나 할인을 해 준대요. 플라스틱 사용을 줄여 지구를 살리고 소비자도 혜택을 얻는다니, 그야말로 꿩 먹고 알 먹는 거죠?

"지구도 좋고 나도 좋고"

플라스틱을 줄여라!

구성원이구나' 하는 마음을 가질 수 있겠어요. 도서관 노쇼도 그렇고, 환경 문제 해결 방법을 찾아본 것도 대견한걸요."

교장 선생님은 다시 한 번 엄지손가락을 치켜들어 보이고는 환하게 웃으며 강당을 떠났다.

딩동댕동~

드디어 하루의 끝을 알리는 종소리가 울렸다.

"오늘 하루 여러분 모두가 훌륭하게 잘해 주었어요. 여러분이 정말 자랑스럽습니다."

우리를 보는 선생님 얼굴에는 웃음이 가득했다.

"전시는 앞으로 두 주 동안 계속될 거예요. 각 모둠마다 수시로 자신들의 전시물을 잘 살피고 관리해 주세요! 이상!"

"와!"

모두가 환호성을 지르며 박수를 쳤다. 몸은 녹초가 되어 있었지만 무언가를 해냈다는 뿌듯함에 기분만은 날아갈 듯했다. 끝맺음을 잘해야 한다는 선생님 말씀이 바로 이런 순간을 위한 것이었나 보다.

전시가 계속되는 동안 우리 모둠은 쉬는 시간에도, 점심 시간에도 틈만 나면 강당을 기웃거렸다. 누군가 우리 작품을 보고 있으면 귀를 쫑긋 세우고 주변을 서성이기도 했다.

우리 신문 독자 코너는 큰 인기를 얻었다. 수줍게 한두 개로 시작된 메모는 독자 참여 지면을 가득 메울 정도로 불어나더니 겹겹이 쌓이기 시작했다.

'당장이라도 기사에 나온 곳에 가 보고 싶어요.'

'유튜브 채널도 만들어 주세요!'

'우리 동네가 이렇게 멋졌던가? 새삼 다시 보임.'

'앞으로는 찐빵 맛이 다르게 느껴질 듯.'

'우리 동네 이야기라 너무 재미있어요. 2호 신문 기대합니다!'

'부모님과 시장 갈 때 텀블러와 에코백을 챙기게 됐어요. 진짜 좋던데요.'

'노쇼가 이렇게 나쁜 거였다니. 다시는 하지 않겠습니다!'

메모를 하나하나 읽어 보고 점착식 메모지를 추가로 가져다놓으면서 우린 흐뭇한 미소를 감출 수 없었다.

우리가 발로 뛰며 발굴한 기사는 꽤 큰 반향을 일으킨 듯했다. 기분 탓인지 도서관에서 책을 함부로 다루는 학생도 줄어든 듯했다. 어쩌면 취재하고 기사를 쓰면서 우리가 바랐던 대로 도서관에 있는 책들이 모두의 소중한 자산이라는 인식이 잘 전달되었는지도 모른다.

전시회가 시작된 지 한 주가 지나고 다시 찾아온 학급 특색 활동 시간은 각 모둠별로 느낀 점들을 이야기하는 자리였다. 우리 모둠 발표는 내가 맡았다.

"〈반짝반짝 우리 동네〉를 만들면서 시장과 골목에 있는 작은 가게들, 은행, 도서관 등 많은 곳을 취재했습니다. 그리고 모든 곳에 경제가 있다는 걸 배웠어요. 수많은 사람들이 자기 자리에서 열심히 일한 덕분에 우리 동네가 살기 좋은 곳이 됐다는 걸 알게 됐고요. 또 우리 어린이들이 할 수 있는 일이 엄청 많다는 걸 느꼈습니다. 강당에 전시를 하면서는 우리 기사가 사람들의 행동을 변화시킬 수 있다는 걸 알게 됐어요. 기회가 된다면 계속 신문을 만들면서 우리 동네를 더욱 살기 좋은 곳으로 만드는 데 기여하고 싶습니다."

아이들이 큰 소리로 박수를 쳤다. 우리 모둠 아이들은 휘파람을 불며 환호성을 보냈다. 상기된 얼굴로 자리에 돌아왔을 때 나는 낮은 목소리로 말했다.

"진짜 심각하게 제안하는 건데, 우리 〈반짝반짝 우리 동네〉를 계속 같이 만들자! 어때?"

"당연히 계속해야지. 강당에 붙은 메모 못 봤어? 2호를 만들어 달라는 요청이 많았잖아. 사진이 특히 멋지다는 메모도 여러 개였다고. 뜨거운 반응, 나만 느낀 거 아니지?"

지우가 엄지를 척 들어 보이며 말했다. 수정이가 환하게 웃었다. 말하지 않아도 수정이의 마음을 알 수 있었다.

"민준아, 네 생각은 어때?"

민준이는 고개를 숙이며 눈길을 돌리더니 낮은 목소리로 대꾸했다.

"나는… 이제 빠질게."

"뭐라고?"

"그냥… 한 학기 동안 같이했으면 됐지, 뭘 또 해."

민준이는 더 이상 말이 없었다. 뭐지?

경제 신문 만들기는 처음부터 민준이 생각이었다. 나는 시큰둥했는데 지우와 수정이를 설득한 것도, 주말마다 이른 시간에 취재 약속을 잡아 늦잠을 못 자게 한 것도 모두 열정남 민준이었다.

민준이를 잘 모를 때라면 우리랑 같이 다니기 싫어서 그러는 거라고 오해했을 거다. 뒤에서 나쁘게 말하고 다녔을지도 모른다. 하지만 한 학기 동안 매일같이 몰려다니면서 친한 사이가 된 지금, 화가 나긴커녕 민준이가 걱정됐다. 동네 구석구석을 돌아보고 경제 이야기를 찾고 기사를 쓰는 그 모든 과정을 민준이가 얼마나 좋아했는지 알기 때문이다.

축구를 좋아하면서도 안 했던 것처럼 좋아하는 신문 만들기를 안 하겠다고 하는 이유가 있을 터였다. 이대로 가만히 있을 수는 없다. 민준이의 진짜 속마음을 알아내야지!

수정의 취재 노트
동네를 살리는 어린이 해결사들

첫 번째 이야기 - 열두 살 자매, 플라스틱 사용금지법 이끌다!

발리 섬의 열두 살 자매는 쓰레기 문제 해결을 위해 'Bye Bye, Plastic bag(잘 가, 비닐봉지)' 캠페인을 시작했다. 이 활동은 '발리섬 플라스틱 사용금지법' 제정을 이끌었다.

두 번째 이야기 - 어린이들이 만든 박물관 도시락 쉼터

과거 국립중앙박물관은 현장체험학습을 가기 불편한 곳이었다. 비 오는 날 도시락 먹을 장소가 마땅치 않았기 때문이다. 문제점을 느낀 서울 수송초등학교 어린이들은 온라인 민원을 넣는 한편, 직접 만든 포스터와 편지를 언론사 등에 보내며 적극적으로 사실을 알렸다. 결국 박물관에는 도시락 쉼터가 생겨났다.

생각 거리

- 우리 동네에는 어떤 지역 문제가 있을까?
- 문제 해결을 위해 내가 할 수 있는 일은 무엇일까?

| 4학년 2학기 | 지역문제를 해결하고 지역을 알리려는 노력 |
| 6학년 1학기 | 우리나라의 정치 발전 |

모두가 행복한 경제

 방학이 며칠 앞으로 다가왔다. 다른 때 같으면 거창한 방학 계획을 세우고 이 시간이 지나가기만을 기다렸겠지만, 이번엔 달랐다. 제발 방학이 천천히 왔으면 좋겠다.

 〈반짝반짝 우리 동네〉 2호 신문 만들기를 거절한 다음부터 민준이는 나랑 거리를 두고 있었다. 쉬는 시간, 점심시간에도 요리조리 피해 다니고 수업이 끝나면 순식간에 사라져 버렸다. 이대로 방학을 해 버리면 민준이와는 영영 서먹한 사이가 될지도 몰랐다. 말할 시간이 있어야 얘기라도 들어볼 텐데 민준이는 대화를 나눌 생각이 없어 보였다.

터덜터덜 집으로 가다가 문구점에서 새로 나온 쫀드기를 발견했다. 눈이 번쩍 뜨였다. 쫀드기는 내가 제일 좋아하는 간식이다. 그런데… 지갑이 없었다. 이럴수가! 집에 두고 온 모양이었다. 아, 쫀드기… 지금 당장 먹고 싶은데!

미련 가득한 손길로 쫀드기를 내려놓는데 민준이가 말을 걸었다.

"쫀드기 사려고?"

"너! 아까 간 거 아니었어?"

민준이는 피식 웃더니 쫀드기 두 개를 계산했다. 그리고는 나에게 한 개를 내밀었다.

"뭐냐, 너. 한동안 나랑 거리두기하더니, 쫀드기를 막 사 주고. 나랑 밀당하냐?"

"뭐? 밀당? 하하하!"

민준이는 배를 잡고 웃었다. 웃음도 전염되는 걸까. 조금

전까지 민준이와 멀어질까 봐 걱정하던 나도 덩달아 웃고 있었다.

"아, 진짜 눈물나게 웃었네. 넌 진짜 사람을 무장해제시키는 재주가 있어."

민준이가 고인 눈물을 닦으며 내 어깨를 툭 쳤다.

쫀드기를 씹으며 골목길을 걸었다. 미용실에 가던 날 함께 걷던 그 길이다. 그날 이후 민준이와 꽤 친해졌다고 생각했었는데. 민준이도 같은 생각이겠지? 그러니까 속마음을 털어놓고 얘기할 기회는 바로 지금이다.

"저기… 내가 진짜 이런 거 안 물어보는 스타일인데, 하도 답답해서 말이야. 그러니까… 내가 뭐 잘못했냐?"

훅 들어가는 내 질문에 민준이 눈빛이 흔들렸다.

"아니, 잘못하고 말고가 어딨어. 너는 정말 좋은 친구인데. 너한테는 항상 고맙지."

"고맙고 좋은 친구한테 뭐 그러냐? 일부러 피해 다니기나 하고. 왜, 내가 신문 같이 만들자고 귀찮게 할까 봐?"

민준이는 잠시 말이 없었다. 그러다 축구를 못 한다는 사실을 고백했던 날처럼 툭 속마음을 꺼내 보였다.

"난 여기가 네 번째 동네야. 얼마 지나면 또다시 이사를 가야 할 거야. 전학도 가야 하고. 그래서 미리 준비를 좀 해 두려고."

"뭘 준비하는데?"

"너 같은 토박이는 모를 거야. 정이 많이 들면 떠날 때 정말 힘들거든. 그러니까 미리미리 친구들하고 거리를 둘 필요가 있어."

"그게 무슨 말도 안 되는 소리야?"

"신문을 만드는 일도 재미있고 여기서 만난 친구들도 좋다는 얘기야. 성진시를 알아 가는 일도 즐겁고. 하지만 더 친해지면 안 될 것 같아. 그럼 전학 갈 때 너무 힘들 거야."

"그러니까 헤어질 때 힘들까 봐 친구들이랑 멀어지겠다고? 재밌는 일도 안 하고?"

이런 바보. 민준이는 바보다.

"우리가 보내는 4학년은 다시 오지 않아. 그러니까 지금 이 순간 재밌고 행복하게 멋진 추억을 쌓아 가야지! 그리고 우리는 다 헤어져. 중학교, 고등학교에 가면 얼굴 보기도 힘들걸? 서로 다른 학교로 흩어질 테니까. 네 말대로면 우리도 어차피 헤어질 거니까 아무하고도 친구하면 안 되겠네?"

"아니, 나는…"

"그리고 너! 어디 무인도라도 가냐? 전화도 있고 SNS도 있는데 연락하면 되지!"

"내가 어느 날 갑자기 전학 간다고, 내일부터 같이 신문 만들기 못 한다고 해도 괜찮아?"

"그때는 너 특파원 시켜 줄게. 알지? 멀리서 소식 전하는 사람들. 이참에 아예 온라인 신문으로 바꿀까?"

"암튼 너는 진짜…."

민준이가 갑자기 키득거리며 웃었다. 비로소 마음이 움직인 것 같았다.

"그럼 우리 다시 예전처럼 친하게 잘 지내는 거다! 2호 신문도 같이 만들고! 오케이?"

"오케이! 나 같은 인재가 빠지면 우리 신문에 손해지!"

"그러니까 같은 인재끼리 잘해 보자고!"

우리는 하이파이브를 했다.

"그럼 다음 호 주제는 뭐야? 또 경제? 계속 2호 신문을 만들자는 걸 보니 계획이 있는 것 같은데?"

나는 씨익 웃었다. 이래 봬도 내 꿈이 기자라고!

"우리가 찾았던 문제들을 좀 더 깊이 파고드는 심층 취재를 하면 좋을 것 같아."

"심층 취재?"

"예를 들어, 사랑헤어 사장님이 협동조합을 만들고 싶어 하잖아. 그러니까 우리가 직접 다른 협동조합을 찾아가서 취재를 하는 거지. 친구들과 플라스틱 사용을 줄이는 '제로 플라스틱 챌린지'에 도전해 보기도 하고."

"재미있겠는데?"

"그럼 당장 단톡방에 알리자!"

경제를 찾아 탐험을 떠날 여러분에게

어린 시절, 저는 경제를 딴 세상 이야기라고 생각했어요. 어른들, 그중에서도 뉴스에 나오는 유명한 사람들만 신경 쓰는 일이라고 오해했죠. 또 높은 빌딩과 커다란 공장이 줄지어 있는 큰 도시에 가야 경제 활동이 일어난다고 생각했어요.

하지만 이제 알게 됐어요. 어린이를 비롯한 모든 사람이 하는 활동들이 모여 경제를 움직인다는 걸요. 경제는 특별한 곳이 아니라 어디에나 있다는 사실도요.

우리의 일상이 곧 경제라는 사실을 깨닫고 나면, 매일 오가는 공간도 색다른 모습으로 다가와요. 신기한 물건으로 가득한 시장, 동네에 활력을 불어넣는 작은 가게들, 재미있는 책과 행사로 가득한 도서관, 큰길에 멋지게 자리 잡은 은행까지. 우리 동네 구석구석에는 따뜻한 경제 이야기가 가득해요. 일상에서 만나는 사람들의 경제 활동이 얼마나 멋지고 소중한지도 보이기 시작해요.

성연, 민준, 지우, 수정. 이야기 속에서 네 명의 친구들은 성진시를 탐험하며 반짝반짝 빛나는 경제 이야기를 발굴했어요. 발로 뛰며 발굴한 이야기를 담은 신문은 지역을 더 살기 좋은 곳으로 바꾸었지요.

이제 여러분 차례예요. 지금부터 책을 덮고 밖으로 나가 우리 동네 곳곳을 탐험해 봐요. 그동안 눈에 들어오지 않았던 경제 이야기가 곳곳에서 고개를 내밀기 시작할 거예요. 직접 찾은 경제 이야기는 기사로 써서 나만의 신문에 담아 봐요. 우리 동네에서 찾은 착한 경제는 어떤 모습인지 꼭 들려주세요!

연유진

우리 동네 착한 경제를 찾아라
전통 시장부터 도서관, 은행까지 모두가 행복해지는 경제 지도

ⓒ 2025 연유진·조경옥

글쓴이 연유진 | 그린이 조경옥 | 편집 윤소라 | 디자인 김민서

펴낸곳 ㈜도서출판 한울림 | 펴낸이 곽미순
출판등록 2004년 4월 12일(제2021-000317호) | 주소 서울특별시 마포구 희우정로16길 21
대표전화 02-2635-1400 | 팩스 02-2635-1415
블로그 blog.naver.com/hanulimkids | 인스타그램 www.instagram.com/hanulimkids

첫판 1쇄 펴낸날 2025년 8월 14일
ISBN 979-11-6393-195-9 73320

* 이 책은 저작권법에 따라 보호 받는 저작물이므로, 저작자와 출판사 양측의 허락 없이는
  이 책의 일부 혹은 전체를 인용하거나 옮겨 실을 수 없습니다.
* 한울림어린이는 ㈜도서출판 한울림의 어린이 책 브랜드입니다.
* 잘못된 책은 바꾸어 드립니다.

어린이제품안전특별법에 의한 제품 표시   제조국 대한민국   사용연령 8세 이상